6

Buntspecht, S. 74

Gartenbaumläufer, S. 76

Wasseramsel, S. 78

Mauerläufer, S. 80

Waldkauz, S. 82

7

Raubwürger, S. 88

Neuntöter, S. 90

Ziegenmelker, S. 92

Tannenmeise, S. 100

9

Seeadler, S. 108

Steinadler, S. 110

Zaunkönig, S. 104

Uhu, S. 112

Habicht, S. 114

DANIELA STRAUß

Lieblings
VÖGEL

—— 36 ARTEN, DIE DICH ZUM
STAUNEN BRINGEN

KOSMOS

INHALT

LIEBLINGSVÖGEL

Was ist dein Lieblingsvogel? Wie oft schon wurde mir diese Frage gestellt und sie ist naheliegend. Wir alle haben Vorlieben und Präferenzen. Von der Lieblingsfarbe und dem Lieblingspullover über die Lieblingszahl und das Lieblingsessen zum Lieblingstier – und in meinem Fall, Ornithologin und Autorin von Vogelbüchern – noch differenzierter: der Lieblingsvogel. Wie der Zufall es will, trage ich einen Kandidaten auf diesen Titel täglich mit mir herum, und das schon seit meiner Geburt: den Strauß. In meiner Familie ist dieser Laufvogel sehr präsent. Er schmückt das Wappen, welches meinen Vorfahren im 17. Jahrhundert verliehen wurde und in meinem Elternhaus an der Wand hängt. Unzählige Male habe ich ihn als Kind gezeichnet und als Gruß verschenkt. Ein interessanter Vogel und gleichzeitig ein Exote, fernab der Realität vor meiner Haustür. Am liebsten sind mir Vögel, die in Europa heimisch sind und regelmäßig vor meiner Fernglaslinse auftauchen. So freue ich mich jedes Mal aufs Neue über ihr Erscheinen, kann ihren Stimmen lauschen und ihr Verhalten studieren.

Auf meiner Hitliste stehen Greifvögel und Falken sehr weit oben. Majestätisch kreisen sie am Himmel, patrouillieren die Berghänge entlang oder fegen auf der Jagd durch die Luft, um dann unvermittelt im Sturzflug auf ihr Opfer zu stoßen. Bienenfresser, Eisvögel oder Seidenschwänze begeistern mich mit ihrer Farbenpracht. Der Flug der Mauersegler, die in halsbrecherischem Tempo über die Dächer sausen, vermittelt pure Lebensfreude. Ihre schrillen Rufe sind die Hintergrundmusik meiner Sommerabende. Die Wasseramsel begleitet mich auf Wanderungen entlang klarer Bergbäche. Sie alle rangieren unter den Top 10, wechseln hier und da die Plätze; nur Rang 1 hat sich etabliert und verteidigt seine Position seit Jahren erfolgreich: die Schwanzmeise! Der Winzling mit dem Balancierschwanz ist mein Lieblingsvogel – und jetzt frage ich dich: Was ist dein Lieblingsvogel?

Daniela Strauß

LIEBLINGSVÖGEL – LEBENSGROSS

Beim Blättern durch Bestimmungs-bücher fällt auf: Die Abbildungen der Vögel sind in der Regel mehr oder weniger gleich groß. Das hat Vor- und Nachteile. Einerseits können auf diese Weise alle Arten von Kopf bis Schwanzende präsentiert werden und wir prägen uns ihr Aussehen ein, auch im Vergleich untereinander. Anderer-seits erhalten wir von der Größe eines Vogels oft nur eine vage Idee. Mitunter stellen wir uns eine Art größer vor, als sie in Wirklichkeit ist – oder anders-herum. Dieses Buch bildet daher alle Vögel in den Porträts in Originalgröße ab, vom winzigen Wintergoldhähn-chen bis zum riesigen Seeadler. Natur-

gemäß passen die Kleinen vollständig auf eine Seite und die Großen lediglich zum Teil. Letztere zeigen deshalb ihr Gesicht in Lebensgröße und die Ge-samtgestalt im Kleinformat auf einem Extrafoto. Solchermaßen erhältst du eine originalgetreue Vorstellung unse-rer heimischen Vogelwelt: „Ja! Genau so hatte ich mir den Vogel ausgemalt!"

Unterwegs in der Nachbarschaft

Mit diesem Bild im Kopf kannst du aus dem Fenster schauen oder vor die Haustür treten. Die Vögel in unserer Nachbarschaft zeigen oft wenig Scheu. Ob eigener Garten oder ein Balkon, der Friedhof oder ein Park, der Dorfteich oder eine Grünfläche mitten in der Stadt, die Umgebung rund um unser Zuhause ist hervorragend geeignet, um mit der Vogelbeobachtung zu begin-nen. Die beste Zeit für die Erforschung von Singvögeln und Spechten ist mor-gens, denn dann sind sie am aktivsten. Greifvögel und Falken kannst du mit-tags und nachmittags unter Ausnut-zung der Thermik am Himmel kreisen sehen. Eulen sind dämmerungs- oder nachtaktiv.

Lebensraum Garten und Balkon

Ausreichend Nahrung, Wasser und Deckung – je abwechslungsreicher dein Garten oder Balkon gestaltet ist, desto mehr Vögel finden sich ein. Heimische Büsche und Bäume bieten sowohl

Die Nachtigall – Brutvogel im Verborgenen und Sängerin der Dunkelheit.

Deckung als auch Nahrung in Form von Früchten und Samen. Außerdem locken sie viele Insekten und somit auch Insektenfresser wie den Hausrotschwanz oder die Mönchsgrasmücke an. Im Winter verirrt sich vielleicht ein Seidenschwanz in deinen Garten und nascht an den Beeren. Körnerfresser freuen sich über Sonnenblumen und Disteln. Stieglitze werden davon im Spätsommer magisch angezogen. Blumenkästen kannst du mit Margeriten, Glockenblumen und anderen Blütenwundern bestücken. Brombeeren, Himbeeren und Erdbeeren wachsen auch in Kübeln und verwandeln selbst kleinste Ecken in Minibiotope. Ein Blutweiderich im Wassereimer ergänzt das Insekten- und Vogelparadies. Haufen aus Reisig, Zweigen und vermoderndem Holz dienen als Unterschlupf. Hier bauen Zaunkönige oder Rotkehlchen ihr Nest. Freibrüter wie der Gelbspötter und die Nachtigall finden in Hecken oder im Unterholz geeignete Nistmöglichkeiten. Tannenmeisen und anderen Höhlenbrütern kannst du mit Nistkästen helfen, ebenso dem Mauersegler.

Futterplätze und Wasserstellen

Vögel werden von Futterstellen angelockt und lassen sich dort leicht beobachten. Die Geschmäcker und Vorlieben unterscheiden sich – so ist für jeden etwas dabei: Körnermischungen, Fettfutter, Nüsse und Obst, teils am

Blaumeisen lassen sich gerne zum Trinken und Baden an Vogeltränken einladen.

Boden, teils geschützt im Futterhaus ausgestreut oder hängend im Baum. Achte zur Vorbeugung von Krankheiten auf frisches und trockenes Futter sowie auf Schutz vor Katzen. Vor dem Sperber flüchten Vögel in die Hecke. Zum Trinken und Baden kannst du eine Wasserstelle einrichten, auch hier gilt: frisch und sauber. Am besten wechselst du das Wasser täglich und rückst dem Gefäß einmal wöchentlich mit einer Wurzelbürste zu Leibe.

ENORME VIELFALT

Federn, Flügel und ein Schnabel – diese Merkmale vereinen alle Vögel, ob flugunfähig oder flugfähig, sesshaft oder reiselustig. Manche leben vegetarisch, andere ernähren sich karnivor oder sind Allesfresser. Der Größte ist mein Namensvetter, der Afrikanische Strauß. Aus bis zu 2,8 m Kopfhöhe überblickt er die Savanne. Der Kleinste wiegt weniger als dessen Feder: 1,8 g. Die 5–7 cm winzige Bienenelfe schwirrt durch die Wälder Kubas. Vor Blüten macht sie Halt und steht wie ein Hubschrauber in der Luft, um Nektar zu saugen. Die längsten Flügel hat der Wander-Albatros. Mit einer Spannweite von mehr als 3,5 m segelt er majestätisch über die Ozeane. Pinguine haben die Meere der Südhalbkugel erobert und nutzen ihre Flügel zum Schwimmen oder Tauchen. Mehr als 11 000 Vogelarten gibt es weltweit. Sie zählen neben den Fischen, Amphibien, Reptilien und Säugetieren zu den Wirbeltieren.

Die Arten in Deutschland

Mit bunter Vielfalt präsentiert sich die Vogelwelt auch in Deutschland. Seit 1800 wurden mehr als 500 Arten nachgewiesen. 243 Arten gelten derzeit als regelmäßige Brutvögel. Sie leben entweder ganzjährig bei uns oder verbringen hier den Frühling und Sommer, um für Nachwuchs zu sorgen. Der Rest sind Gastvögel, die zum Überwintern kommen oder auf dem Durchzug zwischen Brutgebiet und Winterquartier Halt machen, um sich zu stärken. Einige erscheinen jedes Jahr, andere verschlägt es eher selten und zufällig hierher. Sie gelten als Irrgäste und Ausnahmeerscheinung. Mit rund 300 Vogelarten kannst du regulär rechnen. Am schnellsten, am weitesten und am längsten ohne Pause in der Luft unterwegs: Mit dem Wanderfalken, der Küstenseeschwalbe und der Pfuhlschnepfe sind drei Weltrekordhalter dabei. Die Nachtigall hat die Herzen der Musikliebhaber erobert und das Rotkehlchen besticht mit roter Brust und Knopfaugen.

Seidenschwänze brüten in Nordeuropa. In manchen Jahren erscheinen sie als Wintergäste bei uns.

Fütterungszeit bei Familie Haussperling.

Einblick in die Fülle

Bestimmungsbücher für Einsteiger beschränken sich weitgehend auf die Vorstellung der häufigsten Vögel. So behältst du in der Fülle den Überblick und kannst dich schrittweise mit deinen Nachbarn bekannt machen. Wer rund 60 Arten kennt, kann in der Regel die meisten gefiederten Bewohner seiner Umgebung identifizieren. Die Auswahl in diesem Buch ist gemischt und der Fokus ein anderer. Es gibt einen Vorgeschmack auf die Vielfalt unserer Vogelwelt: die Großen und die Kleinen, die Häufigen und die Seltenen, die Alleskönner und die Spezialisten, die Farbenfrohen und die Unscheinbaren, die Flugkünstler und die Meistersänger. Die vorgestellten Arten stehen stellvertretend für die Mannigfaltigkeit dieser Klasse der Wirbeltiere. Sie alle haben das Potenzial, dein Lieblingsvogel zu sein.

VÖGEL KENNENLERNEN

Wenig ist nötig, um auf Vogelentdeckungsreise zu gehen. Ausgestattet mit Bestimmungsbuch oder -App, Notizheft und Bleistift sowie einer Portion Neugier geht es los. Ein Fernglas hilft, Details zu erkennen und das Verhalten bei Futtersuche, Balz, Nestbau oder Jungenaufzucht zu studieren, ohne die Tiere zu stören. Wer lieber in Gesellschaft unterwegs ist, findet Gleichgesinnte bei den Gruppen des NABU oder einer anderen Naturschutzorganisation. So machst du schnell Fortschritte, bleibst motiviert und am Ball. Vögel, die du eigenständig identifizierst, prägen sich nachhaltiger im Gedächtnis ein. Das Erlernen der Gesänge hilft dabei, auch heimlich und versteckt lebende Piepmätze zu finden. Am besten beginnst du mit den häufigen Arten.

Vielfalt der Lebensräume

Nach der Erkundung von Gärten und Siedlungen gilt es, sich die Vögel anderer Lebensräume zu erschließen. Überall gibt es Neues zu entdecken: im Wald, auf Wiesen und Feldern, an Flüssen und Seen, am Meer und im Gebirge. Wer lernt, welche Arten wo leben, kann bald ganz gezielt an bestimmten Orten nach ihnen suchen und auch Besonderheiten entdecken.

Rebhühner, 1991 zum Vogel des Jahres gekürt, brüten auf Feldern und Brachflächen.

Gefährdung und Schutz

Artenkenntnisse sind eine wichtige Voraussetzung, um die Warnsignale der Natur lesen und einordnen zu können. Nur wer Feldlerchen von Haussperlingen zu unterscheiden weiß, kann Aussagen zu deren Häufigkeit machen und feststellen, ob sie seltener werden. Das Wissen um die Lebensraumansprüche einer Art hilft zum einen, diese zu entdecken, und zum anderen, ihr Zuhause zu schützen. Das Rebhuhn war früher allgegenwärtig, heute ist es stark gefährdet. Ähnlich geht es einer Vielzahl weiterer Vögel der Offenlandschaften. Sie leiden unter der Intensivierung der Landwirtschaft. Die Bestände in Wäldern und Siedlungen sind dagegen noch weitgehend stabil.

Die Turteltaube wird immer seltener. Sie leidet unter Lebensraumverlust und Bejagung.

Vogelkundler zählen und dokumentieren sowohl Brut- als auch Rastvögel in regelmäßigen Abständen. Du kannst mitmachen und deine Daten auf www.ornitho.de eintragen. Das geht sogar im Urlaub, denn diese Website wird in vielen Ländern Europas gepflegt. Jeweils einmal im Jahr gibt es zudem die Stunde der „Gartenvögel" und „Wintervögel". Innerhalb von 60 Minuten werden bundesweit alle Vögel an einem selbst gewählten Ort gezählt und an den NABU gemeldet. Sämtliche Daten dienen als Grundlage für Naturschutzarbeit und Wissenschaft. Indem du deine Beobachtungen meldest, einen vogelfreundlichen Gar-

Mönchsgrasmücken sind anpassungsfähig und daher weit verbreitet, ihre Bestände ungefährdet und steigend.

ten oder Balkon anlegst und in einer Naturschutzgruppe mitwirkst, trägst du selbst aktiv zum Vogelschutz bei.

RUFE UND GESÄNGE

Ob gut versteckt oder von hoher Warte, mit ihrem Gesang grenzen Männchen das Revier gegen Artgenossen ab und locken Weibchen an. Mittels verschiedener Rufe halten Vögel untereinander Kontakt oder warnen vor Feinden.

Sowohl die Rufe als auch der Gesang sind artspezifisch. Kennst du die Lautäußerungen der Vögel, wirst du weit mehr Arten wahrnehmen als zuvor. Das Lied des Wintergoldhähnchens fällt auf, lange bevor wir es in den hohen Baumkronen erblicken, und die aus dichtem Gebüsch zwitschernde Heckenbraunelle verrät so ihr Versteck. Zwillingsarten wie Zilpzalp und Fitis oder Garten- und Waldbaumläufer, die sich äußerlich sehr ähnlich sehen, können anhand ihrer Stimmen einfach auseinandergehalten werden. Früh aufstehen lohnt sich, denn die Gesänge setzen morgens nacheinander ein und können daher leichter erlernt werden. Tonaufnahmen helfen, die Melodien vorher einzuüben – oder du besuchst Vogelstimmenexkursionen, die vielerorts im Frühjahr angeboten werden. Mit der KOSMOS-PLUS-App kannst du die Gesänge der Vögel aus diesem Buch anhören.

Die Vogeluhr

„Der frühe Vogel fängt den Wurm." – Tatsächlich gehören Weichfutterfresser wie Rotkehlchen und Amseln mit ihren großen, lichtempfindlichen Augen zu den ersten Sängern. Ab 4:00 Uhr beginnen sie zu musizieren und nach Würmern zu suchen. Diese befinden sich so früh am Morgen noch nahe der taufeuchten Oberfläche. Wenig später folgen weitere Insektenfresser: Zaunkönig, Mönchsgrasmücke, Kohlmeise und Zilpzalp. Sie haben ebenfalls große Augen und erbeuten bereits im diffusen Licht kleine Fluginsekten und Spinnen. Zuletzt erklingen Arten wie Buchfink, Haussperling und Grünfink. Mit ihren kleineren Augen brauchen diese Körnerfresser besseres Licht, um sich zurechtzufinden. Ausnahmen bestätigen die Regel: Den Auftakt des Vogelkonzerts bilden der Garten- und der Hausrotschwanz, zwei Insektenfresser.

Schon gewusst?

Generell gilt: Je größer die Augen eines Vogels im Verhältnis zum Körper sind, desto weniger Licht braucht er und desto früher beginnt er mit Nahrungssuche und Gesang.

HAUSROT-
SCHWANZ
4:00 Uhr

ROTKEHLCHEN
4:10 Uhr

ZAUNKÖNIG
4:20 Uhr

AMSEL
4:15 Uhr

MÖNCHS-
GRASMÜCKE
4:20 Uhr

KOHLMEISE
4:40 Uhr

BUCHFINK
5:00 Uhr

ZILPZALP
4:50 Uhr

GRÜNFINK
5:15 Uhr

HAUSSPERLING
5:20 Uhr

Der Gesangsbeginn hängt von der Umgebungshelligkeit und somit vom Zeitpunkt des Sonnenaufgangs ab. Dieser variiert je nach geografischer Lage und Jahreszeit. Die hier aufgeführten Zeitangaben sind grobe Richtwerte und gelten für Mitteldeutschland, Mitte Mai, bei klarem Himmel.

15

BESTIMMEN MIT DEN VOGELPORTRÄTS

Die einzelnen Artenporträts in diesem Buch sind wie folgt aufgebaut: Oben findest du den deutschen und den wissenschaftlichen Artnamen, eine Kurzaussage zur jeweiligen Art und die Größenangabe, die Länge von der Schnabel- bis zur Schwanzspitze. Der Textteil enthält Wissenswertes über Lebensweise, Verhalten, Ernährung oder andere interessante Einzelheiten. Die Fotos bilden bei unterschiedlichem Aussehen der Geschlechter die Männchen ab. Die wesentlichen Merkmale findest du direkt am Foto. Zusätzliche Bilder zeigen zum Beispiel die Merkmale der Weibchen oder ein Flugbild.

Sprung ins kalte Wasser: Wasseramsel auf Tauchgang.

großer weißer Brustlatz

Deutscher und wissenschaftlicher Artname

Größenangabe (von Schnabel- bis Schwanzspitze)

Symbol der KOSMOS-PLUS-App

Textteil mit viel Wissenswertem

Wichtige Fakten kurz und knapp zusammengefasst

WASSERAMSEL
„Fliegt" unter Wasser

Cinclus cinclus
17 bis 20 cm

kompakte runde Gestalt

Auf einem Stein im Wasser sitzt ein ständig knicksender Vogel und hält nach Nahrung Ausschau: Insektenlarven, Flohkrebse und andere kleine Wassertiere. Die Wasseramsel lebt im waldigen Bergland an flachen, rasch fließenden Bächen und Flüssen mit steinigem Untergrund. Als einziger Singvogel kann sie mit Hilfe ihrer Flügel schwimmen und tauchen sowie unter Wasser laufen. Anpassungen wie die kurzen, rundlichen Flügel, ein dichtes Gefieder und schwere, markgefüllte Knochen machen dies möglich. Eine halbtransparente Nickhaut schützt die Augen und eine Hautfalte verdeckt die Ohröffnung.

78

ALTER bis zu 10 Jahre • **STIMME** Gesang langsam, hell und rau zwitschernd, knirschend und quietschend; Ruf kurz und scharf „zrik" oder „srit" • **BEI UNS** ganzjährig • **ZUG** Standvogel – Kurzstreckenzieher • **BRUTZEIT** Febr.–Juli; 1–2 Bruten im Jahr • **NEST** in der Uferböschung, in Mauern oder unter Brücken am Wasser; überdachtes Nest mit seitlichem Eingang aus Moos und Gras • **EIER** 4–6; weiß oder rahmfarben • **VORKOMMEN** mittelhäufig • **GEFÄHRDUNG** Bestand stabil, ungefährdet

In den Kreiselementen geht es um Wissenswertes, Besonderheiten und Anekdoten.

Ganz unten findest du Fakten zu Alter, Stimme, Anwesenheit in Mitteleuropa sowie zum Zugverhalten. Bei der Altersangabe handelt es sich um die maximal nachgewiesene Lebensdauer eines frei lebenden Vogels. Die durchschnittliche Lebenserwartung liegt meistens viel niedriger. Es folgen Informationen zum Brutgeschehen mit Brutzeit, Neststandort, Nest und Eiern sowie zur Häufigkeit und zum Gefährdungsstatus.

Spezialisten

Wasseramseln sitzen oft gut sichtbar auf einem Stein im Wasser.

Gefieder dunkelbraun bis rußschwarz

Schwanz kurz, oft leicht gestelzt

Unverdaulich
Wasseramseln gehören zu den Vögeln, die Gewölle produzieren und auf diese Weise unverdauliche Nahrungsreste durch den Schnabel auswürgen können.

kräftige Beine

Das Zusatzfoto zeigt bei großen Arten den kompletten Vogel, sonst ist ein Weibchen, ein Flugbild oder ein anderes Detail abgebildet.

Das große Foto zeigt meistens ein Männchen im Prachtkleid in Lebensgröße mit seinen wesentlichen Merkmalen.

In den Kreiselementen findest du Wissenswertes, Besonderheiten und Anekdoten.

79

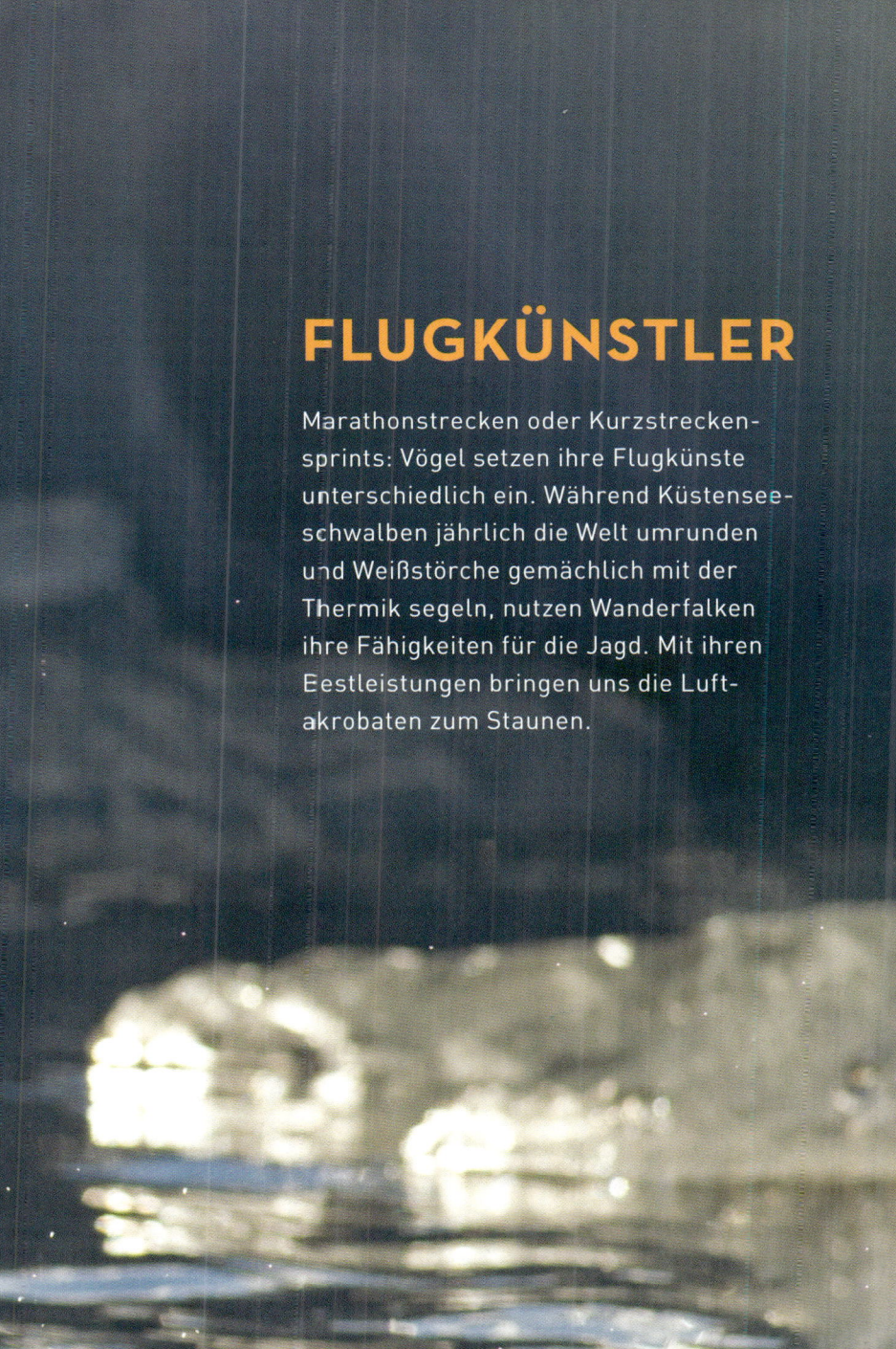

FLUGKÜNSTLER

Marathonstrecken oder Kurzstrecken-
sprints: Vögel setzen ihre Flugkünste
unterschiedlich ein. Während Küstenseeschwalben jährlich die Welt umrunden
und Weißstörche gemächlich mit der
Thermik segeln, nutzen Wanderfalken
ihre Fähigkeiten für die Jagd. Mit ihren
Eestleistungen bringen uns die Luft-
akrobaten zum Staunen.

Dank des Torpors – einer Kältestarre mit reduzierter Körpertemperatur und Atemfrequenz – können ältere **JUNGVÖGEL** in Hungerperioden einige Tage überleben.

MAUERSEGLER

Ein Leben im Flug

Apus apus
17 bis 18,5 cm 001

Sturmfreie Bude

Flügge Mauerseglerkinder verlassen ihr Zuhause in Abwesenheit der Eltern. Sie sind sofort autark und versorgen sich selbstständig.

Kehle hell

Mauersegler prägen den sommerlichen Himmel. Sowohl in der freien Landschaft als auch über unseren Dörfern und Städten ertönen die charakteristischen rauen und schrillen Rufe während ihrer Jagd nach fliegenden Insekten, dem sogenannten Luftplankton. Mit ihren langen, schmalen und sichelförmigen Flügeln sind sie perfekt an das Leben in der Luft angepasst. Nur das Brutgeschäft findet an Land statt, sonst verbringen die rasanten Flieger tatsächlich ihr gesamtes Leben ununterbrochen im Flug. Fliegend schlafen sie und trinken von Wasseroberflächen. Sogar die Paarung findet in luftiger Höhe statt.

Gefieder schwarzbraun

Schwanz gegabelt

Flügel lang, sichelförmig

Im Unterschied zu Rauch- und Mehlschwalben sind Mauersegler einfarbig dunkel.

21

ALTER bis zu 21 Jahre • **STIMME** Ruf schrill und durchdringend, gereiht „srrieh" • **BEI UNS** Mai–Sept. • **ZUG** Langstreckenzieher • **BRUTZEIT** Mai–Sept.; 1 Brut im Jahr • **NEST** in Spalten und Nischen an Gebäuden, in Baumhöhlen, Nistkästen; aus leichten, in der Luft gesammelten Materialien, die mit Speichel verklebt werden • **EIER** 2–3; weiß • **VORKOMMEN** häufig • **GEFÄHRDUNG** Bestand abnehmend, ungefährdet

WANDERFALKE

Sturzflug im Spitzentempo

Falco peregrinus
♂ 38 bis 45 cm / ♀ 46 bis 51 cm

002

Pfeilschnell stürzt er sich aus großer Höhe kopfüber und mit angelegten Flügeln auf seine fliegende Beute, kleine bis mittelgroße Vögel, oder setzt ihr in spektakulären Verfolgungsjagden nach. Den senkrechten Sturzflug beschleunigt der Wanderfalke zusätzlich mit energischen Flügelschlägen und erreicht damit Geschwindigkeiten von mehr als 300 km/h. Er kommt sowohl im Gebirge als auch im Flachland vor und brütet sogar an hohen Gebäuden in Städten. Nach drastischen Rückgängen Mitte des 20. Jahrhunderts aufgrund von Pestizideinsatz und Verfolgung haben sich die Bestände fast überall wieder erholt.

helle
Unterflügel

Unterseite dunkel
quergebändert

Auf der Jagd: Sturzflug mit angewinkelten Flügeln.

ALTER bis zu 17 Jahre • **STIMME** meistens stumm; Ruf rau und klagend „grä-grä-grä…" • **BEI UNS** ganzjährig • **ZUG** Standvogel – Kurzstreckenzieher • **BRUTZEIT** März–Juni; 1 Brut im Jahr • **NEST** in Felsen, auf Bäumen, an Gebäuden und am Boden, in verlassenen Nestern; kein eigener Nestbau • **EIER** 3–4; gelblichweiß, sehr dicht braun gefleckt • **VORKOMMEN** selten • **GEFÄHRDUNG** Bestand zunehmend, ungefährdet

dunkelbraune Augen
mit gelber Umrandung

breiter schwarzer
Bartstreif

schiefergraue
Oberseite

23

Kopfkappe schwarz

Schnabel dunkelrot

Ein schmaler schwarzer Hinterrand und
die durchscheinend wirkenden Handflügel
sind kennzeichnend.

sehr lange
Schwanzspieße

kurze rote Beine

KÜSTENSEESCHWALBE

Pendelt zwischen Nord- und Südpol

Sterna paradisaea
33 bis 39 cm

Sie ist der Rekordhalter im Langstreckenflug. Die Brutgebiete der Küstenseeschwalben erstrecken sich bis in die Hocharktis, die Winterquartiere liegen in der Eisrandzone der Antarktis – eine jährliche Zugstrecke von 30 000 km Luftlinie. Die Länge der Route variiert, denn die Ausnutzung günstiger Winde und die Suche nach guten Futterplätzen führen zu Umwegen. Manche Vögel legen daher jährlich mehr als 80 000 km zurück. Die überwiegend aus kleinen Fischen bestehende Nahrung wird stoßtauchend erbeutet. Feinde attackieren sie im Sturzflug, laut kreischend und mit gezielten Schnabelhieben.

Gefieder weiß und hellgrau

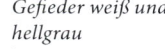

25

ALTER bis zu 34 Jahre • **STIMME** flötende, klirrende oder schnarrende Rufreihen; Warnruf hart und zweisilbig „krri-äarrrrr" • **BEI UNS** Apr.–Okt. • **ZUG** Langstreckenzieher • **BRUTZEIT** Mai– Aug.; 1 Brut im Jahr • **NEST** am Boden; Mulde wenig gepolstert oder ungepolstert • **EIER** 1–3; bunt und variabel, weißlich, grau, blau, braun oder grün mit dunklen Flecken • **VORKOMMEN** selten • **GEFÄHRDUNG** Bestand stark abnehmend, vom Aussterben bedroht

im Flug breiter
weißer Rückenkeil

Schwanz dicht und
dünn gebändert

Pfuhlschnepfe im Jugendkleid, bei uns
während des Herbstdurchzuges zu sehen.

Oberseite
schwärzlich gefleckt

dunkler Scheitel

Schnabel lang,
aufwärts gebogen,
schwarz

Unterseite ungebändert,
intensiv rostrot

PFUHLSCHNEPFE

Nonstop-Rekordhalterin

Limosa lapponica
33 bis 41 cm
004

Sie brütet in weitläufigen Mooren und
sumpfigen Bereichen der arktischen Tundra
und Taiga. Bei uns ist die Pfuhlschnepfe ein
häufiger Durchzügler und Wintergast an
den Küsten der Nordsee und des Atlantiks.
Dort tritt sie in Scharen von mehreren Tausend
Vögeln auf. Kleine Trupps erscheinen
gelegentlich auch auf Schlammflächen im
Binnenland. Ihre Nahrung besteht hauptsächlich
aus Muscheln, kleinen Krebsen und
Ringelwürmern, im Brutgebiet aus Insekten
und Larven. Eine weibliche Pfuhlschnepfe
hält den Rekord im Nonstop-Flug. In acht
Tagen flog sie ohne Pause 11 680 km von
Alaska bis Neuseeland.

Futtersuche

Pfuhlschnepfen stochern
zur Nahrungssuche
unermüdlich und eng getaktet
mit dem Schnabel im
Schlamm. Dabei drehen sie
sich manchmal um die
eigene Achse.

27

ALTER bis zu 33 Jahre • **STIMME** Gesang nasal „küwee-küwee-küwee…"; Ruf scharf „kewick" •
BEI UNS März–Mai; Juli–Okt. • **ZUG** Langstreckenzieher • **BRUTZEIT** Mai–Aug.; 1 Brut im Jahr •
NEST am Boden; Mulde gepolstert mit feinen Pflanzenteilen • **EIER** 3–4; olivgrün oder braun
mit kleinen Flecken • **VORKOMMEN** lokal häufiger Gast (Küste) • **GEFÄHRDUNG** Bestand abnehmend,
potenziell gefährdet

*Augen und Zügel
schwarz*

*Hals lang, im Flug
ausgestreckt*

Nutzer der Thermik

Weißstörche sind Meister des Segelfluges. Sie schrauben sich mit Aufwinden in die Höhe und gleiten dann langsam bis zur nächsten Thermik abwärts.

Schnabelklappern mit weit nach hinten gebogenem Hals.

lange rote
Beine

Gefieder
schwarz-weiß

WEISSSTORCH

Meister des Segelfluges

Ciconia ciconia
95 bis 110 cm

Mit lautem Schnabelklappern begrüßen sich die Partner auf dem Nest. Dies dient der Verständigung und Paarbindung. Auf einem Bein stehend, den Schnabel ins Gefieder geschoben, halten Weißstörche auch bei starkem Wind mühelos Balance. Ein zweites Gleichgewichtsorgan im Rücken sorgt unter anderem dafür, den Körper stabil zu halten. Abwechselnd schieben die Störche ihre Beine unter das wärmende Gefieder. So können sie den Wärmeverlust über die nackten Gliedmaßen bei rauer Witterung oder nach stundenlangem Waten durch kühles Wasser ausgleichen und ihre durch das Stehen ermüdeten Muskeln erholen.

Schnabel lang
und rot

29

ALTER bis zu 39 Jahre • **STIMME** leise, zischende Laute, sonst stumm, stattdessen lautes Schnabelklappern • **BEI UNS** März–Sept. • **ZUG** Kurzstreckenzieher – Langstreckenzieher • **BRUTZEIT** März–Sept.; 1 Brut im Jahr • **NEST** auf Gebäuden und in Bäumen; großer Horst aus dicken Ästen, Reisig, Gras- und Erdklumpen, gepolstert mit feinen Pflanzenteilen und Federn • **EIER** 3–5; weiß, Flecken • **VORKOMMEN** mittelhäufig • **GEFÄHRDUNG** Bestand zunehmend, auf Vorwarnliste

MEISTERSÄNGER

Hoch am Himmel oder versteckt im
Gebüsch, laut flötend oder leise
schwätzend: Mit ihrem Gesang halten
Vogelmännchen die Rivalen auf Abstand
und imponieren der Damenwelt. Musiziert
wird hauptsächlich zur Brutzeit. Manche
greifen in die Trickkiste und imitieren
andere Stimmen. Versierte Künstler sind
erfolgreicher.

Der Gesang der **NACHTIGALL** ist umfangreich, komplex und individuell verschieden. Das Gesamtrepertoire aller Sänger umfasst Hunderte von Strophentypen.

NACHTIGALL

Sängerin von Weltruhm

Luscinia megarhynchos
15 bis 16,5 cm

Südwärts

Nachtigallen sind Insektenfresser. Ihre Nahrung wird bei uns im Winter knapp. Deshalb zieht die gesamte Population nach der Brutzeit in den Süden.

In Kunst und Literatur gilt der Gesang der Nachtigall als der schönste. Die lauten Gesangsduelle der Männchen erklingen vor allem nach Einbruch der Dämmerung und sind in der Stille der Nacht weithin hörbar. Sofort nach der Ankunft im Brutgebiet singen die Vögel nächtelang mit voller Inbrunst, bis sie ein Weibchen angelockt haben. Danach ertönt ihr Gesang fast nur noch tagsüber zur Revierverteidigung. Nachtigallen leben sehr heimlich in den niederen Bereichen unterholzreicher Gebüsche, Wälder und Parks, bevorzugt in Gewässernähe oder an feuchten Standorten.

heller Augenring

Gefieder braun

Schwanz rotbraun

Unterseite graubeige

33

ALTER bis zu 9 Jahre • **STIMME** Gesang laut, melodisch, mit schluchzendem Flöten „dü-dül-düüüh"; Ruf „huit" und tief knarrend „arrr" • **BEI UNS** Apr.–Sept. • **ZUG** Langstreckenzieher • **BRUTZEIT** Mai–Juli; 1 Brut im Jahr • **NEST** im Kraut unter Büschen; lockeres Napfnest aus Laub, Zweigen • **EIER** 4–5; gelblich bis braun, fein braun gefleckt • **VORKOMMEN** mittelhäufig • **GEFÄHRDUNG** Bestand zunehmend, ungefährdet

FELDLERCHE

Freudengesang am Himmel

Alauda arvensis
16 bis 18 cm

Hoch am Himmel „steht" ein Vögelchen und tiriliert minutenlang, scheinbar ohne Luft zu holen. Feldlerchen integrieren den Gesang in ihren Atemrhythmus, so können sie pausenlos flöten. Für den Singflug steigt das Männchen spiralförmig nach oben, fliegt mit gefächertem Schwanz flügelschlagend auf der Stelle und trägt seine Melodie vor. Dann lässt es sich wie ein Stein wieder zur Erde herabfallen. Der Bodengesang klingt leiser und kann bis zu 15 Minuten andauern. Feldlerchen bewohnen offene Landschaften. Im Winter versammeln sich bisweilen größere Trupps auf Stoppelfeldern und Brachflächen.

Flügelschlagend „hängt" das singende Männchen in der Luft.

kleine Federhaube

„Sie singt wie eine Lerche"

Feldlerchen gelten mit ihrem Gesang voller Schwung, Ausdauer und Harmonie als Metapher der Heiterkeit und Lebensfreude.

Brust gelblich weiß, gestrichelt

Bauch weiß

ALTER bis zu 10 Jahre • **STIMME** Gesang rollend, flötend und trillernd; Rufe trocken rollend „trrli" • **BEI UNS** Febr.–Okt. • **ZUG** Kurzstreckenzieher • **BRUTZEIT** Apr.–Aug.; 2–3 Bruten im Jahr • **NEST** am Boden; Mulde, gepolstert mit Grashalmen und feinen Pflanzenteilen • **EIER** 2–5; weißlich, braun gefleckt • **VORKOMMEN** sehr häufig • **GEFÄHRDUNG** Bestand stark abnehmend, gefährdet

Gefieder
graubraun,
dunkel gemustert

Flügelhinterrand weißlich und
Schwanzaußenkanten weiß

Neben dem
Hochzeitsgesang von
oben und von unten füh-
ren **FELDLERCHEN** eine
Bodenbalz durch, bei der
das Männchen vor dem
Weibchen herumtänzelt
und hüpft.

Der Gesang der **MÖNCHSGRASMÜCKE** beginnt leise schwätzend und mit Imitationen anderer Vogelarten, gefolgt von einer lautstarken Flötenstrophe.

glänzend schwarze
Kopfkappe

Oberseite graubraun

Unterseite grau

Beine grau

MÖNCHSGRASMÜCKE

Stimmentalent im Verborgenen

Sylvia atricapilla **008**
13,5 bis 15 cm

*Das Weibchen hat eine
rotbraune Kopfkappe.*

Graues Gefieder und ein schwarzes Kopfkäppchen – wie ein
kleiner Mönch kommt das Männchen unserer häufigsten
Grasmücke daher. Meistens huscht es flink und gut verborgen durch das Blätterdach der Büsche. Sein Gesang ist
dagegen weithin hörbar, melodisch und wohlklingend.
Bis in Höhen von 1 500 m ist die Mönchsgrasmücke
in Wäldern, Feldgehölzen, Parks und Gärten nahezu
flächendeckend verbreitet. Ihr Zugverhalten hat sich
seit einigen Jahren verändert. Statt im Mittelmeerraum überwintern einige Vögel auf den Britischen
Inseln, vermutlich eine Folge veränderter klimatischer
Bedingungen und intensiver Winterfütterung.

Feinschmecker
Mönchsgrasmücken
fressen vorwiegend Insek-
ten und Spinnen. Im Sommer
und Herbst gibt es außerdem
Brombeeren, Holunderbee-
ren und andere Früchte
zum Naschen.

37

ALTER bis zu 11 Jahre • **STIMME** Gesang melodisch und klangvoll flötend, plaudernd; Ruf hart
und laut „täck-täck" • **BEI UNS** Apr.–Okt. • **ZUG** Kurzstreckenzieher – Langstreckenzieher •
BRUTZEIT Apr.–Aug.; 1–2 Bruten im Jahr • **NEST** in Bäumen und Sträuchern; lockeres Napfnest
aus Halmen • **EIER** 3–6; bräunlich, braun gefleckt oder marmoriert • **VORKOMMEN** sehr häufig •
GEFÄHRDUNG Bestand zunehmend, ungefährdet

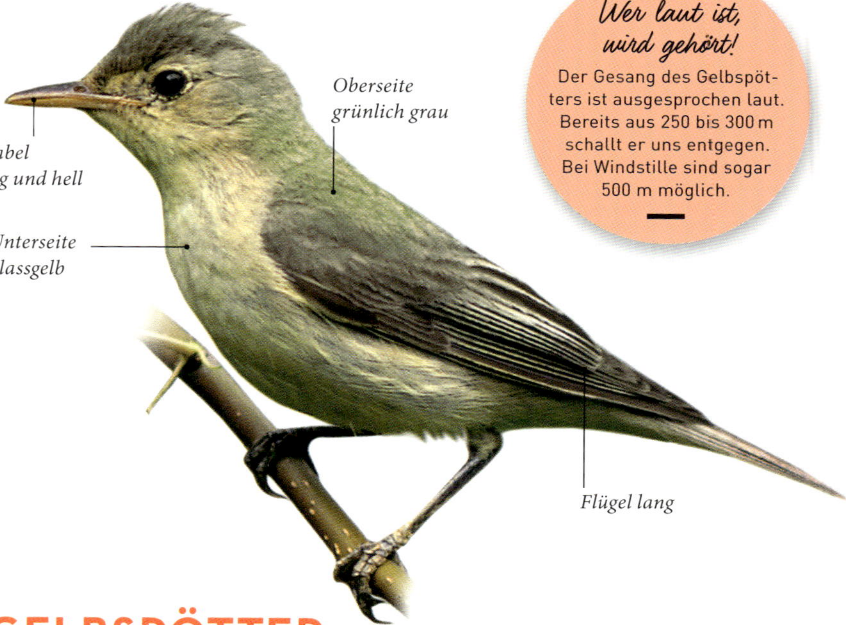
Schnabel
kräftig und hell
Oberseite
grünlich grau
Unterseite
blassgelb
Flügel lang

Wer laut ist, wird gehört!
Der Gesang des Gelbspötters ist ausgesprochen laut. Bereits aus 250 bis 300 m schallt er uns entgegen. Bei Windstille sind sogar 500 m möglich.

GELBSPÖTTER

Unermüdlicher Stimmenimitator

Hippolais icterina
12 bis 13,5 cm

009

Frech zwitschernd, lebhaft flötend und mit Imitationen anderer Vogelarten ausgeschmückt; ab und an ein Quäken oder ein nasales „Hiäh“, das an einen Mäusebussard erinnert – Gesang und Rufe verraten ihn. Hier sitzt ein Gelbspötter im Gebüsch versteckt, einer unserer auffälligsten und interessantesten Sänger. Spötter kommt von spotten, wie das Nachahmen von Artgenossen in der Vogelwelt genannt wird, und darin ist er Meister. Sein Federkleid in Gelbgrün tarnt ihn im Laub hervorragend. Vom ähnlichen Fitis unterscheidet er sich durch den kräftigeren Körperbau und den dickeren Schnabel.

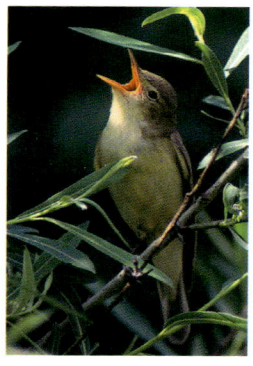

Gelbspötter singen gut versteckt aus den oberen Bereichen von Büschen und Bäumen.

ALTER bis zu 10 Jahre • **STIMME** Gesang laut, hastig, abwechslungsreich und voller Imitationen; Ruf laut „tete-düi“ • **BEI UNS** Mai–Aug. • **ZUG** Langstreckenzieher • **BRUTZEIT** Mai–Aug.; 1 Brut im Jahr • **NEST** in Büschen und Bäumen; Napfnest aus Halmen und Pflanzenfasern, Gras • **EIER** 4–5; rosa, schwarz gepunktet • **VORKOMMEN** mittelhäufig • **GEFÄHRDUNG** Bestand stabil, ungefährdet

Mai bis August –
GELBSPÖTTER halten
sich lediglich 3 bis 4 Monate
in ihren Brutgebieten in Mitteleuropa auf. Den Rest des Jahres
verbringen sie im Winter-
urlaub in Afrika.

UNSERE HÄUFIGSTEN VÖGEL

Die Zahl der Brutpaare bestimmt die Häufigkeit von Vögeln. Arten, die sich anpassen und in verschiedenen Lebensräumen zurechtfinden können, haben die Nase vorn. Auf den vordersten Plätzen rangieren neben den prominenten Gesichtern auch Kandidaten, die allgemein weniger bekannt sind. Wer hätte vermutet, dass Buchfinken auf Rang 2 und Mönchsgrasmücken auf Rang 4 der häufigsten Vögel Deutschlands liegen?

AMSEL 010

Mit etwa 8,7 Millionen Brutpaaren ist die Amsel derzeit Deutschlands häufigster Brutvogel. Vor 150 Jahren war sie noch ein scheuer Waldvogel. Seitdem wanderte die Schwarzdrossel in unsere Gärten ein und kommt dort inzwischen in größeren Dichten vor als im Wald.

BUCHFINK 011

Der Buchfink ist mit rund 8,3 Millionen Brutpaaren sowohl in Wäldern als auch in Gärten und Parks sehr häufig. Beim Baden an Pfützen und Wasserstellen lässt er sich gut beobachten. Zu seinen Lieblingsspeisen gehören Bucheckern, daher der Name.

KOHLMEISE 012

Kohlmeisen besiedeln Wälder, Parks und Gärten bis in die Innenstädte hinein. Um die 6,3 Millionen Brutpaare gibt es bei uns, denn im Kampf um Nistplätze ist unsere größte Meise anderen Höhlenbrütern meistens überlegen. Auf **PLATZ 4** folgt die **MÖNCHSGRAS-MÜCKE** (➡ Seite 36).

HAUSSPERLING `013`

Der Haussperling lebt und brütet schon seit Jahrhunderten in der Nähe des Menschen. Zahlreiche Redensarten zeugen davon. Aktuell wird sein Bestand mit rund 5 Millionen Brutpaaren angegeben.

BLAUMEISE `014`

Blaumeisen wiegen nur 9 bis 12 g. Ein Vorteil bei der Nahrungssuche. Geschickt turnen sie bis in die äußersten Zweigspitzen, häufig kopfüber. Die Verbreitung und Lebensweise der rund 4 Millionen Brutpaare ähneln derjenigen der Kohlmeise.

ZILPZALP `015`

Sobald er den Schnabel öffnet, kennen wir seinen Namen. Von März bis September erschallt sein „zilp-zalp ... zilp-zalp" aus Wäldern, Parks und Gärten. Mit circa 3,9 Millionen Brutpaaren liegt er knapp vor dem fast ebenso häufigen **ROTKEHLCHEN**, das **PLATZ 8** belegt (➡ Seite 48).

RINGELTAUBE `015`

Nach Star (**PLATZ 9**, Seite 116) und Zaunkönig (**PLATZ 10**, Seite 104) folgt die Ringeltaube mit etwa 2,9 Millionen Brutpaaren. Sie erobert zunehmend den Siedlungsraum. Ihr Bestand hat sich in den letzten 30 Jahren mehr als verdoppelt.

STOCKENTE `017`

Rund 190 bis 345 Tausend Brutpaare zählt die Stockente. Unsere häufigste Ente ist dank ihrer Anpassungsfähigkeit an Gewässern jeder Art verbreitet, sowohl in der freien Landschaft als auch in Dörfern und Städten. Das bunte Prachtkleid tragen die Männchen nur im Winter.

FRÜHAUFSTEHER

Bereits weit vor Sonnenaufgang erschallt
im Frühling ein Vogelkonzert im Fortissimo.
Jede Art stimmt zu einem festen Zeitpunkt
in den Chor ein. Den Einsatz geben
Angehörige der Fliegenschnäpper mit
ihren lichtempfindlichen Augen: zuerst
der Gartenrotschwanz, dicht gefolgt vom
Hausrotschwanz. Das Rotkehlchen startet
ebenfalls noch im Dunkeln.

Auf Störungen während des Brütens reagieren **GARTENROT-SCHWÄNZE** empfindlich. Eindringlinge in Nestnähe werden angegriffen. Unter Umständen geben sie ihr Gelege auf.

GARTENROTSCHWANZ

Tonangeber

Phoenicurus phoenicurus
13 bis 14,5 cm

Damenwahl

Mit gefächertem Schwanz klammert das Gartenrotschwanz-Männchen am Höhleneingang und präsentiert potenzielle Nistplätze. Das Weibchen hat die Wahl!

Seine melancholischen Gesänge beenden die Stille der Nacht etwa 80 Minuten vor Sonnenaufgang. In unserer Nachbarschaft erklingen sie selten. Der Gartenrotschwanz brütet bevorzugt in ausgefaulten Höhlen alter Bäume. Nur in sehr großen Gärten, auf Streuobstwiesen, in Parks oder lichten Wäldern mit Altholzbeständen können wir ihn gelegentlich finden. Dort sitzt er in typischer Rotschwanzmanier auf erhöhten Warten an Gebüschrändern und hält Ausschau nach Insekten und Spinnen, beständig knicksend und mit dem Schwanz zitternd. Die Beute wird sodann vom Boden aufgepickt, in kurzer Flugjagd erbeutet oder im Rüttelflug von Blättern abgesammelt.

Stirn weiß

Gesicht und Kehle schwarz

Das Weibchen des Gartenrotschwanzes (im Bild links) ist deutlich heller gefärbt als das Weibchen des Hausrotschwanzes.

Brust rostrot

rostroter Bürzel und Schwanz

45

ALTER bis zu 9 Jahre • **STIMME** Gesang kurze wehmütige und schwätzende Strophen; Ruf „hüit" und „hüit-tek-tek" • **BEI UNS** Apr.–Okt. • **ZUG** Langstreckenzieher • **BRUTZEIT** Apr.–Aug. 1–2 Bruten im Jahr • **NEST** in Nischen und Höhlen, auch in Nistkästen; Nest aus Stroh, Stängeln, Laub • **EIER** 5–7; grünlich blau • **VORKOMMEN** mittelhäufig • **GEFÄHRDUNG** Bestand zunehmend, ungefährdet

HAUSROTSCHWANZ

Früh auf den Beinen

Phoenicurus ochruros
13 bis 14,5 cm

019

Hoch hinaus!
Der Hausrotschwanz gehört zu den Brutvögeln, die sich bis auf die höchsten Gipfel der Berge vorwagen. In den Alpen nistet er bis in Höhen von 3 200 m.

Rund 70 Minuten vor Sonnenaufgang startet der Hausrotschwanz in den Tag. Sein Gesang ist eine Abfolge harter, gepresst vorgetragener Laute und besteht in der Regel aus drei Abschnitten: Nach einer hellen Tonreihe folgen ein kratziges Fauchen und wiederum einige helle Töne. Hausrotschwänze sind Kulturfolger. Im Verlauf der letzten Jahrhunderte wanderten die einst reinen Felsbewohner in die Täler und eroberten unsere Siedlungen. Nischen in Gemäuern oder Balken unter Dachvorsprüngen ersetzen hier die natürlichen Brutplätze in Gesteinsspalten und -höhlen.

Gesicht und Brust schwarz

Rücken und Bauch grau

weißes Flügelfeld

Das Federkleid des Weibchens ist bis auf den roten Schwanz unscheinbar graubraun.

rostroter Bürzel und Schwanz

ALTER bis zu 10 Jahre • **STIMME** Gesang kurzer Triller, gefolgt von gepresst kratzendem Geräusch; Ruf „tk-tk-tk" • **BEI UNS** März–Okt. • **ZUG** Kurzstreckenzieher – Mittelstreckenzieher • **BRUTZEIT** Apr.–Sept.; 2 Bruten im Jahr • **NEST** in Nischen, Halbhöhlen in Gebäuden und Felsen, auch in Nistkästen; Nest aus Halmen und Moos • **EIER** 5–6; weiß • **VORKOMMEN** häufig • **GEFÄHRDUNG** Bestand stabil, ungefährdet

Die männlichen **HAUSROT-SCHWÄNZE** sind erst im zweiten Jahr nach dem Schlupf vollständig ausgefärbt. Im ersten Sommer gleichen sie den Weibchen.

Entgegen weit verbreiteter Vorstellungen singen auch viele weibliche Singvögel. Der Gesang des ROTKEHLCHEN-Weibchens klingt leiser und ist etwas kürzer als der des Männchens.

ROTKEHLCHEN

Orangerote Brust und schwarze
Knopfaugen

Erithacus rubecula
12,5 bis 14 cm

Rotkehlchen gehören zu den häufigsten Brutvögeln
und sind regelmäßig im Garten anzutreffen. Wenig
scheu hüpfen sie mitunter in unmittelbarer Nähe der
Menschen, um die bei der Gartenarbeit nach oben
beförderten Bodentiere aufzupicken. Ihre wehmütige
Melodie erklingt morgens etwa 50 bis 60 Minuten
vor Sonnenaufgang und in der Abenddämmerung.
Auf einem Ast sitzend wirbt das Männchen so um
Weibchen oder zeigt sein Revier an. Letzteres
wird bisweilen handfest verteidigt, denn
untereinander sind die kleinen Vögel unver-
träglich und aggressiv. Im Streit kann es zu
Kämpfen mit Verletzten oder sogar Toten
kommen.

*Brust, Kehle
und Stirn
orangefarben*

Oberseite olivbraun —

*Perfekte Tarnung: Junge Rotkehlchen
sind braun geschuppt.*

Bauch weißlich

ALTER bis zu 17 Jahre • **STIMME** Gesang klar und abfallend, melancholisch perlend; Ruf
scharf, oft gereiht „tick" • **BEI UNS** ganzjährig • **ZUG** Standvogel – Kurzstreckenzieher •
BRUTZEIT Apr.–Aug.; 2 Bruten im Jahr • **NEST** in Bodennähe unter Wurzeln und in Nischen;
Napfnest aus Moos, Halmen, Stängeln • **EIER** 5–7; gelblich, braun gefleckt • **VORKOMMEN** sehr
häufig • **GEFÄHRDUNG** Bestand stabil, ungefährdet

TOPMODELS

Exotisch anmutende Vögel gibt es auch bei uns. Mit Farbenpracht können die Männchen bei den Weibchen Eindruck schinden. Insbesondere bei Höhlenbrütern sind diese oftmals ebenso bunt. Im Inneren sind sie vor Feindesaugen sicher. Ausnahmen bestätigen die Regel: Frau Stieglitz vertraut im Nest offenbar auf Farbverwirrung als Tarnung.

SEIDENSCHWANZ

Farbenprächtiges Nordlicht

Bombicilla garrulus
18 bis 21 cm

021

Seidenschwänze ernähren sich meistens von Beeren. Nur während der Brutzeit jagen sie überwiegend Insekten. Wird im Winter die Nahrung im nordischen Brutgebiet knapp, wandern Seidenschwänze südwärts. Scharenweise erscheinen sie dann in Streuobstwiesen, Parkanlagen und Gärten. Oft nehmen wir zuerst den hellen, wie ein Glöckchen klingenden Ruf wahr, mit dem die Tiere untereinander Kontakt halten. Früher galt das invasionsartige Auftreten der Vögel als böses Omen und kündigte Kriege oder Seuchen an. Daher stammen die Namen „Pestvogel" und „Kriegsvogel".

Federhaube

schwarze Gesichtsmaske

pfirsichfarbenes, seidenes Gefieder

gelbe und weiße Flügelabzeichen

ALTER bis zu 13 Jahre • **STIMME** Gesang lange Abfolge sirrender Rufe und Laute; Ruf hoch und klingelnd „sirrr" • **BEI UNS** Okt.–Apr. • **ZUG** Standvogel – Kurzstreckenzieher • **BRUT-ZEIT** März–Aug.; 1 Brut im Jahr • **NEST** auf Bäumen, überwiegend in Fichten; Napfnest aus Zweigen und Flechten • **EIER** 4–6; blaugrau, dunkel gefleckt • **VORKOMMEN** unregelmäßiger Wintergast • **GEFÄHRDUNG** Bestand stabil, ungefährdet

Katerstimmung?
SEIDENSCHWÄNZE
fressen auch angegorene
Beeren, die andere Vögel
übrig lassen. Dank ihrer
großen Leber nehmen
sie davon keinen
Schaden.

WIEDEHOPF

Prächtiger Kopfschmuck

Upupa epops
25 bis 29 cm

Am ehesten können wir den Wiedehopf im Flug entdecken. Seine unstete und wellenförmige Flugweise mit den breit gerundeten Flügeln erinnert an einen Schmetterling. Nach der Landung scheint es bisweilen, der Erdboden habe ihn verschluckt. Die Haube trägt er meistens angelegt und das kontrastreiche Gefieder in Schwarz-Weiß-Orangebraun dient als Tarnkleidung. Im Spiel von Licht und Schatten löst sich seine Gestalt vor dem Hintergrund auf. Wiedehopfe brüten in trockenen Gebieten mit kurzrasigen oder vegetationsarmen Flächen, gerne in Obstgärten und Weinbergen. Im weichen Untergrund stochern sie nach Insekten, Würmern und Schnecken.

Schwanz schwarz mit weißem Band

Oben: Im Flug fallen die schwarz-weiß gebänderten Flügel auf.

Rechts: Die orangefarbene Federhaube mit den schwarzen Tupfen ist meistens angelegt.

ALTER bis zu 11 Jahre • **STIMME** Ruf hohl und meistens dreisilbig „hup-hup-hup" • **BEI UNS** Apr.–Sept. • **ZUG** Kurzstreckenzieher – Langstreckenzieher • **BRUTZEIT** Apr.–Aug.; 1–2 Bruten im Jahr • **NEST** in Baumhöhlen, Mauerspalten oder Erdlöchern, auch in Nistkästen; wenig gepolstert oder ungepolstert • **EIER** 5–6; bläulich grau bis grünlich grau • **VORKOMMEN** sehr selten • **GEFÄHRDUNG** Bestand zunehmend, gefährdet

auffällige orangefarbene
Federhaube

Schnabel lang, schlank
und gebogen

Gefieder
orangebraun

Flügel schwarz mit
weißen Bändern

Schnabel lang
und schwarz

Unterseite und
Wangen orange

Oberseite
leuchtend
türkisblau

Kehle und
Halsseitenfleck weiß

Flügel grünlich blau

Blitztaucher

In der Regel brauchen
Eisvögel weniger als eine
Sekunde vom Eintauchen
bis zum Ergreifen ihrer
Beute. Sie können auch
zwei Fische gleichzeitig
fangen.

Links: Ein frisch gefangener Fisch als Brautgeschenk.

Unten: Im Flug fällt der kurze Schwanz des Eisvogels besonders auf.

EISVOGEL
Fliegender Edelstein

Alcedo atthis
17 bis 19,5 cm

„Tjiii" – der durchdringende, scharfe Pfiff ist häufig der erste Hinweis auf den Edelstein. Dann lohnt es sich, die Bäume und Büsche in Ufernähe mit dem Fernglas abzusuchen. Oftmals lauert der Fischjäger dort frei sichtbar auf seine Beute. Mit etwas Glück können wir beobachten, wie er kurzzeitig über der Wasseroberfläche rüttelt, dann urplötzlich und pfeilschnell mit angelegten Flügeln ins kühle Nass abtaucht und wenig später mit einem Fischchen im Schnabel wieder auf dem Ast landet. Eisvögel brüten an fischreichen Gewässern mit Steilwänden, in die sie ihre bis zu 1 m lange Brutröhre graben können.

ALTER bis zu 21 Jahre • **STIMME** Gesang einfach, rhythmisch variabel „tji-tii-ih", „zji-tiih" oder „tjii-tit-tit-tit"; Ruf scharf pfeifend „tjii" • **BEI UNS** ganzjährig • **ZUG** Standvogel – Kurzstreckenzieher • **BRUTZEIT** März–Sept.; 2–4 Bruten im Jahr • **NEST** Erdröhre mit rundem Nestkessel; ungepolstert • **EIER** 6–7; weiß • **VORKOMMEN** mittelhäufig • **GEFÄHRDUNG** Bestand stabil, ungefährdet

kräftiger roter Schnabel

schwarzer Zügelstreif

Flügel schwarz

Das Pirolnest
scheint Comiczeichnern als Vorlage zu dienen. Es ist halbkugelrund, dicht gewoben und hängt unterhalb eines Astes oder einer Astgabelung.

PIROL

Leuchtend gelb und schwarz

Oriolus oriolus
22 bis 25 cm   **024**

Glücklicherweise verrät ihn sein wohlklingender Gesang, denn der Pirol hält sich überwiegend in den obersten Baumkronen auf und ist dort aufgrund seiner versteckten Lebensweise häufig schwer zu finden. Das exotisch anmutende, schwarz-gelbe Federkleid der Männchen dient im lichtdurchfluteten Laubwerk als perfekte Tarnung. Die gelbgrünen Weibchen sind dort oben sogar noch besser verborgen. Fliegt ein Pirol von Baum zu Baum, erkennen wir ihn an seiner wellenförmigen Flugweise und dem gelben Bürzel. Er brütet in Laubwäldern und Parks, gerne am Wasser. Auf seinem Speiseplan stehen Insekten, Früchte und Beeren.

ALTER bis zu 10 Jahre • **STIMME** Gesang melodisch flötend „düdlio" oder „dü-de-lio"; Ruf rau und heiser „wäääk" und schnell „gigigigigi…" • **BEI UNS** Mai–Sept. • **ZUG** Langstreckenzieher • **BRUTZEIT** Mai–Aug.; 1 Brut im Jahr • **NEST** in Bäumen; Napfnest aus Gräsern und Fasern, gepolstert mit feinen Pflanzenteilen, Wolle und Moos • **EIER** 3–4; weißlich, spärlich braun bis schwarz gefleckt • **VORKOMMEN** mittelhäufig • **GEFÄHRDUNG** Bestand stabil, Vorwarnliste

Perfekt getarnt: Die Weibchen sind unscheinbar gelbgrün.

Gefieder
leuchtend gelb

Der leuchtend gelbe Pirol ist schwer zu beobachten.

schwarzer Schwanz,
außen mit gelben
Spitzenflecken

59

STIEGLITZ · DISTELFINK

Liebt Wildkrautsamen

Carduelis carduelis
12 bis 13,5 cm

 025

„Stigelit – stigelit!" Sein Ruf erklingt häufig – isoliert oder als Einleitung einer Gesangsvorführung – und verhalf ihm zu seinem Namen. Fast noch bekannter ist er unter der Bezeichnung „Distelfink", denn die feinen Samen der Disteln gehören zu seiner Lieblingsnahrung. Geschickt klettern Stieglitze an den Stängeln empor, um an die Fruchtstände zu gelangen. Dünnere Halme umfassen die Leichtgewichte zu mehreren, Sonnenblumen und andere kräftige Gewächse fliegen sie direkt an. Erst nachdem eine Pflanze gründlich abgesammelt wurde, wechseln die Clownsgesichter zur nächsten.

Nachtruhe

Stieglitze schlafen gerne in Gesellschaft, mitunter annähernd 800 Vögel. Bis alle ihren Platz gefunden haben, kann eine gute Stunde vergehen.

*Gesicht
kräftig rot*

Kopf schwarz-weiß

Rücken braun

*Männchen und Weibchen
sehen gleich aus.*

Unterseite hell

*Flügel
gelb-schwarz*

ALTER bis zu 11 Jahre · **STIMME** Gesang leise zwitschernd und trillernd; Ruf „stigelit" · **BEI UNS** ganzjährig · **ZUG** Standvogel – Kurzstreckenzieher · **BRUTZEIT** Apr.–Sept.; 2 Bruten im Jahr · **NEST** in Bäumen; Napfnest aus vielseitigstem Pflanzenmaterial, gepolstert mit Haaren, Kokons und Watte · **EIER** 4–6; bläulich, rotbraun gefleckt · **VORKOMMEN** häufig · **GEFÄHRDUNG** Bestand stabil, ungefährdet

Gemäß einer Legende erhielt der **STIEGLITZ** sein Aussehen, als er Jesus einen Dorn aus der Haut zog und das Blut des Messias über sein Gesicht lief.

SCHLAUMEIER

Klein und oho! Vogelhirne sind klein und leistungsfähig. Tauben meistern unglaubliche Sinnesleistungen. Ihr Sehvermögen ist außergewöhnlich. Sie können selbst kleinste Farbveränderungen wahrnehmen. Die Rabenvögel zählen zu den Klügsten. Sie merken sich Verstecke, spielen miteinander und nutzen Werkzeuge zur Nahrungsbeschaffung.

lange, schmale, gefingerte Flügel

Schwanz keilförmig

Mit lauten Rufen machen Kolkraben im Flug auf sich aufmerksam und sind dadurch leicht zu finden.

sehr kräftiger Schnabel

KOLKRABE
Schwarzer Flugakrobat

Corvus corax
54 bis 67 cm　`026`

Der größte Singvögel der Welt gilt als intelligent und verspielt. Kolkraben können viele Geräusche nachahmen und sind geschickte Flieger. Ihr Balzflug ist spektakulär. Paarweise steigen sie gaukelnd hoch in die Luft, schließen ihre Flügel halb zusammen, rollen sich seitwärts ab und trudeln dann gemeinsam atemberaubend schnell in die Tiefe, kurzzeitig sogar mit dem Rücken nach unten. Die scheuen und wachsamen „Geier des Nordens" bewohnen große Waldgebiete und Gebirgsgegenden. Sie ernähren sich überwiegend von Aas und leisten damit einen bedeutenden Beitrag als Gesundheitspolizisten.

Vorausplaner
Der Kolkrabe kann Handlungen im Voraus planen. Bevor er Futterverstecke anlegt, entwickelt er Strategien zur Täuschung plünderungswilliger Artgenossen.

ALTER bis zu 23 Jahre • **STIMME** Rufe laut und klangvoll „korrp-korrp…", „krrorr-krrorr…", hart „krack-krack-krack" oder wohlklingend „klong" • **BEI UNS** ganzjährig • **ZUG** Standvogel • **BRUTZEIT** Febr.–Aug.; 1 Brut im Jahr • **NEST** in Felsen oder Bäumen; Horst aus groben Ästen und Zweigen, gepolstert mit Tierhaaren, Wolle und feinem Pflanzenmaterial • **EIER** 3–6; hellgrün, dunkel gefleckt • **VORKOMMEN** mittelhäufig • **GEFÄHRDUNG** Bestand zunehmend, ungefährdet

schwarze Borsten bis
zur Oberschnabelmitte

metallisch glänzendes
schwarzes Gefieder

EICHELHÄHER

Legt Wintervorräte an

Garrulus glandarius
32 bis 35 cm

Während der Brutzeit leben Eichelhäher heimlich und versteckt, danach streifen sie einzeln oder in Grüppchen umher und sind leichter zu beobachten. Im Sommerhalbjahr überwiegt tierische Kost. Das Wintermenü besteht hauptsächlich aus Eicheln, Nüssen und Bucheckern. Um ihre Nahrungsversorgung zu sichern, legen Eichelhäher im Herbst Speisekammern an. Fühlen sie sich beim Vergraben beobachtet, wird das Versteck verlegt. Die Vögel merken sich ihre Depots genau und können diese sogar unter einer Schneedecke wiederfinden. Überschüssige Samen keimen – so trägt der Eichelhäher zur Verjüngung der Wälder bei.

Schwanz schwarz

ALTER bis zu 16 Jahre • **STIMME** Ruf laut und auffällig rätschend „krääh" • **BEI UNS** ganzjährig • **ZUG** Standvogel – Kurzstreckenzieher • **BRUTZEIT** März–Aug.; 1 Brut im Jahr • **NEST** in Bäumen; Reisignest aus kleinen Ästen und Zweigen, gepolstert mit Gräsern, Blättern und Moos • **EIER** 3–6; grünlich, braun gefleckt • **VORKOMMEN** häufig • **GEFÄHRDUNG** Bestand stabil, ungefährdet

Körper hell
orangebraun

schwarzer
Bartstreif

blau-schwarz
gebändertes Flügelfeld

Im Herbst sammelt er Eicheln, Nüsse und Bucheckern
und versteckt sie als Wintervorrat.

Auge orange

Kopf und Hals
dunkelblaugrau

Nacken grün oder
violett schillernd

Brust weinrot
überhaucht

*Visuelles
Gedächtnis*

par excellence: Straßen-
tauben können innerhalb
kurzer Zeit lernen, gut- und
bösartige Tumore auf me-
dizinischen Aufnahmen
zu unterscheiden.

Schwanzendbinde schwarz

Die Felsentaube ist die Stammform der Straßentaube.

ALTER bis zu 10 Jahre • **STIMME** dumpfes Gurren, mehrfach wiederholt „gruo-u" •
BEI UNS ganzjährig • **ZUG** Standvogel • **BRUTZEIT** März–Sept., teilweise ganz
in Höhlen; dünnes Reisignest aus Zweigen und Halmen, kaum gepolstert •
EIER 2; weiß • **VORKOMMEN** sehr häufig • **GEFÄHRDUNG** ungefährdet

BRIEFTAUBE · STRASSENTAUBE

Orientierungsgenie

*Columba livia forma
domestica*
29 bis 35 cm

027

Bereits seit rund 7 000 Jahren werden Tauben domestiziert, zunächst aufgrund ihres schmackhaften Fleisches, später als Brieftauben. Diese haben die Fähigkeit, über große Distanzen wieder nach Hause zurückzufinden. Sie orientieren sich dabei an Landmarken, am Stand von Sonne, Mond und Sternen, am Erdmagnetfeld, mit ihrem Geruchssinn und Gehör. Insbesondere in Städten sind Straßentauben allgegenwärtig. Sie entwickelten sich vermutlich aus verwilderten Haustauben. Es gibt zahlreiche Färbungsvarianten. Viele ähneln der Felsentaube, Stammform der Haustaube, die heutzutage fast nur noch an Felsküsten und in Gebirgsregionen lebt.

Oberflügeldecken und Schultern hellgrau

Straßentauben sind in Städten sehr zahlreich.

VÖGEL IN HÖCHSTER GEFAHR

Wie geht es unseren Vögeln? In der „Roten Liste" wird das Aussterberisiko einer Vogelart angegeben. Das höchste Risiko haben Arten, die sehr stark abnehmen oder ohnehin extrem selten sind. Arten, die deutlich zurückgehen und immer noch häufig vorkommen, sind dort unterrepräsentiert. Ein Blick auf Arten, deren Bestände seit 1980 am stärksten geschrumpft sind, führt uns die Gefährdungssituation der Vogelwelt am deutlichsten vor Augen.

KIEBITZ 029

Die stärksten Rückgänge gibt es bei Arten der offenen Landschaften. Der Kiebitz, einst Charaktervogel feuchter Wiesen, ist seit 1980 um 93 Prozent zurückgegangen. Heute brütet er auch auf Äckern. Dort haben seine Jungen schlechtere Überlebenschancen.

REBHUHN 030

Das Rebhuhn bewohnt reich strukturierte Landschaften aus Brachflächen, Heiden, Grünland und Äckern mit blütenreichen Feldrainen und Hecken. Die Intensivierung der Landwirtschaft und der Verlust seiner Lebensräume führten zu einem Rückgang von 91 Prozent.

TURTELTAUBE 031

Turteltauben sind Langstreckenzieher und weltweit gefährdet. Sie brüten in lichten Laubwäldern, Feldgehölzen und Hecken. Ihre Bestände haben sich um 89 Prozent reduziert. Die Gründe, unter anderem: Lebensraumverlust und Bejagung im Mittelmeerraum während des Zuges.

BEKASSINE `032`

Die Bekassine, ein typischer Vogel der Moore und Feuchtwiesen, brütet nach einem Rückgang von 82 Prozent fast nur noch in Naturschutzgebieten. In vielen Teilen des Landes glänzt die „Himmelsziege" – so benannt nach ihrem meckernden Balzruf – mit Abwesenheit.

WIESENPIEPER `033`

Der Wiesenpieper ist ebenfalls ein Bewohner feuchter Wiesen und Moore. Er war früher ein Allerweltsvogel. Nach einem Bestandsrückgang von 79 Prozent fehlt er heute zur Brutzeit vielerorts. Während des Durchzugs machen nordische Brutvögel bei uns Halt. Dann können wir ihn noch regelmäßig beobachten.

UFERSCHNEPFE `034`

Neben der Bekassine steht mit der Uferschnepfe ein weiterer Brutvogel der Feuchtbiotope in der Kategorie 1 „Vom Aussterben bedroht". Sie brütet bei uns vor allem im Nordwesten. Der zunehmende Verlust ihrer Lebensräume führte zu einem Bestandseinbruch von 78 Prozent.

FELDLERCHE `007`

Ihr Tirilieren bildet die Klangkulisse unserer Felder und Wiesen im Sommerhalbjahr. Die Feldlerche ist noch immer einer unserer häufigsten Brutvögel. Nach einem Bestandsrückgang von 55 Prozent steht sie in der Kategorie 3 „Gefährdet".

SCHREIADLER `035`

Dank intensiver Schutzmaßnahmen nehmen die Bestände des seltenen Schreiadlers nur langsam ab. Etwa 120 Paare brüten im Nordosten Deutschlands, fast ein Fünftel davon in NABU-Schutzgebieten. Er braucht strukturreiche, ruhige Wälder, Feuchtlebensräume und extensiv genutztes, offenes Grünland für die Jagd.

SPEZIALISTEN

Ob im Gebirge, im Wald oder am Wasser: Jede Vogelart besetzt eine ökologische Nische, um die Konkurrenz um Wohnraum und Nahrung zu minimieren. Dabei haben sie erstaunliche Fähigkeiten und Verhaltensweisen entwickelt. Manche sind anpassungsfähig und wenig wählerisch, andere auf ganz bestimmte Lebensräume oder Jagdmethoden spezialisiert.

roter Nacken-
fleck (fehlt beim
Weibchen)

Schnabel
kräftig

Bauch und
Brust weiß

Oberseite und
Scheitel schwarz

große weiße
Schulterflecken

leuchtend rote
Unterschwanz-
decken

BUNTSPECHT

Schwarz-weiß-roter Zimmermann

Dendrocopus major
23 bis 26 cm

Der Buntspecht ist ein Holzspezialist. Sein kräftiger Schnabel dient ihm als Werkzeug. Er zimmert damit seine Bruthöhle, meißelt Löcher zur Nahrungssuche, ritzt Baumrinde zum Auflecken des Planzensaftes an, stochert im morschen Gehölz nach Larven und Insekten oder nutzt Stämme und Äste als Verstärker für sein Balztrommeln. Ab Februar erschallt es weithin hörbar aus Wäldern und Parkanlagen. Ein Trommelwirbel besteht aus bis zu 20 Schlägen pro Sekunde. Die Spechtschmiede – eine Astgabel oder Spalte, die gegebenenfalls auf die passende Größe erweitert wird – dient ihm als Werkbank. Hier klemmt er Zapfen ein, um Samen herauszuhacken.

Trommeln mit Sichtschild

Eine Millisekunde vor dem Aufprall des Schnabels auf das Holz schließt der Buntspecht die Lieder, um seine Augen zu schützen.

ALTER bis zu 13 Jahre • **STIMME** hart „kick" • **BEI UNS** ganzjährig • **ZUG** Standvogel • **BRUTZEIT** Apr.–Aug.; 1 Brut im Jahr • **NEST** in selbst gezimmerten Höhlen; gepolstert mit Holzspänen • **EIER** 4–7; weiß • **VORKOMMEN** häufig • **GEFÄHRDUNG** Bestand zunehmend, ungefährdet

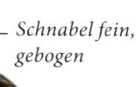

Schlafenszeit

Köpfchen in die Mitte,
Schwänzchen nach außen:
Bei Kälte bilden Gartenbaumläufer in Schlupfwinkeln
Schlafrosetten. Manchmal
kommen 15 bis 20 Vögel
zusammen.

—

*Unterseite weiß
mit bräunlichen
Flanken*

*Schnabel fein,
gebogen*

*Gartenbaumläufer wärmen sich
gegenseitig im Schlaf und tau-
schen ihre Plätze regelmäßig.*

*Oberseite braun-
weiß gefleckt*

GARTENBAUMLÄUFER
Kletterkünstler

Certhia brachydactyla
12 bis 13,5 cm   **037**

Mit ihrem rindenfarbig gemusterten Gefieder sind Garten-
baumläufer hervorragend getarnt, denn sie verbringen ihr Leben fast ausschließlich auf Baumrinde. Sie bevorzugen große,
alte Bäume mit rauer Borke, an der sie sich mit der verhältnis-
mäßig kurzen Hinterkralle und den langen Vorderkrallen gut
festhalten können. In leicht sprunghaften Bewegungen klettern
sie spiralförmig nach oben und stochern dabei in Ritzen nach
Insekten, Spinnen und anderen kleinen Tieren. Ihr Nest bauen
sie in Spalten hinter abstehenden Rindenstückchen. Bei Kälte
übernachten sie gerne gesellig und eng aneinandergekuschelt
an geschützten Standorten, um sich gegenseitig zu wärmen.

ALTER bis zu 5 Jahre • **STIMME** Gesang kurz, schnell und durchdringend auf gleicher Tonhöhe;
Ruf laut und hoch „tüt" und „srri" • **BEI UNS** ganzjährig • **ZUG** Standvogel • **BRUTZEIT** März–Juli;
1–2 Bruten im Jahr • **NEST** in Baumspalten, in Nistkästen; Einlage aus Ästchen, Spinnweben,
Rinde, Nadeln • **EIER** 5–6; weiß, braun gefleckt • **VORKOMMEN** häufig • **GEFÄHRDUNG** Bestand
stabil, ungefährdet

Oben am Baum angekommen lassen sich **GARTEN-BAUMLÄUFER** mit angelegten Flügeln wieder herunterfallen. Kurz vor dem Boden bremsen sie mit ausgebreiteten Flügeln ab.

Sprung ins kalte Wasser: Wasseramsel auf Tauchgang.

großer weißer Brustlatz

kompakte runde Gestalt

WASSERAMSEL

„Fliegt" unter Wasser

Cinclus cinclus
17 bis 20 cm

Auf einem Stein im Wasser sitzt ein ständig knicksender Vogel und hält nach Nahrung Ausschau: Insektenlarven, Flohkrebse und andere kleine Wassertiere. Die Wasseramsel lebt im waldigen Bergland an flachen, rasch fließenden Bächen und Flüssen mit steinigem Untergrund. Als einziger Singvogel kann sie mit Hilfe ihrer Flügel schwimmen und tauchen sowie unter Wasser laufen. Anpassungen wie die kurzen, rundlichen Flügel, ein dichtes Gefieder und schwere, markgefüllte Knochen machen dies möglich. Eine halbtransparente Nickhaut schützt die Augen und eine Hautfalte verdeckt die Ohröffnung.

ALTER bis zu 10 Jahre • **STIMME** Gesang langsam, hell und rau zwitschernd, knirschend und quietschend; Ruf kurz und scharf „zrik" oder „srit" • **BEI UNS** ganzjährig • **ZUG** Standvogel – Kurzstreckenzieher • **BRUTZEIT** Febr.–Juli; 1–2 Bruten im Jahr • **NEST** in der Uferböschung, in Mauern oder unter Brücken am Wasser; überdachtes Nest mit seitlichem Eingang aus Moos und Gras • **EIER** 4–6; weiß oder rahmfarben • **VORKOMMEN** mittelhäufig • **GEFÄHRDUNG** Bestand stabil, ungefährdet

Wasseramseln sitzen oft gut sichtbar auf einem Stein im Wasser.

Gefieder dunkelbraun bis rußschwarz

Schwanz kurz, oft leicht gestelzt

Unverdaulich

Wasseramseln gehören zu den Vögeln, die Gewölle produzieren und auf diese Weise unverdauliche Nahrungsreste durch den Schnabel auswürgen können.

kräftige Beine

MAUERLÄUFER

Gefiederter Schmetterling

Tichodroma muraria
15,5 bis 17 cm

039

039

Im Prachtkleid können Mauerläufer an der Farbe ihrer Kehle und Brust unterschieden werden: Männchen tragen Schwarz und Weibchen schmücken sich weiß.

Eben war der kleine graue Vogel noch vollständig mit der gleichfarbigen Felswand verschmolzen und kaum auszumachen, dann spreizt er kurz die Flügel oder fliegt ein kurzes Stück und „verwandelt" sich in einen karminrot leuchtenden Schmetterling mit schwarz-weißer Musterung. Mauerläufer brüten an steil abfallenden Felsmauern, meistens in 1000 bis 3000 m Höhe in der Nähe von Wasser. Die geschickten Kletterer suchen in Gesteinsritzen nach Insekten und zucken dabei beständig mit den Flügeln. Im Winter weichen sie in tiefere Lagen aus und erscheinen dann gelegentlich in Steinbrüchen oder an Gebäuden.

langer, dünner, abwärts gebogener Schnabel

Oberseite felsgrau

viel Rot auf Flügeln

Kehle und Brust sind nur im Prachtkleid schwarz

ALTER wird selten beringt, daher liegen keine Daten zum Alter vor • **STIMME** Gesang aus wohlklingenden, hellen an- und absteigenden Pfeiflauten; Ruf fein und pfeifend „tüi" • **BEI UNS** ganzjährig • **ZUG** Standvogel – Kurzstreckenzieher • **BRUTZEIT** Mai–Aug.; 1 Brut im Jahr • **NEST** Höhlen in Felsen, Mauern oder Gebäuden; aus Wolle • **EIER** 3–5; weiß, spärlich rotbraun bis schwarzbraun gesprenkelt • **VORKOMMEN** extrem selten • **GEFÄHRDUNG** Bestand stabil, ungefährdet

Flugsprünge:
Steilwände erklimmt
der **MAUERLÄUFER**, indem
er sein Gewicht nach vorn
verlagert und flügelflatternd
von Absatz zu Absatz
aufwärts springt.

*Flügeloberseite
prächtig rot-
schwarz-weiß*

*Kopf groß
und rund*

Ästlinge

Junge Waldkäuze verlassen die Bruthöhlen noch flugunfähig und werden als „Ästlinge" noch mehrere Wochen lang von den Eltern versorgt – auf einem Ast sitzend.

Waldkäuze jagen nachts Mäuse und Insekten.

*Auge
schwarzbraun*

WALDKAUZ

Nachtjäger

Strix aluco
37 bis 43 cm

*graubraun
bis rotbraun
gemustert*

Die schaurig klingenden Rufe des Waldkauzes sind im Frühjahr und Herbst nach Einbruch der Dunkelheit kilometerweit zu hören. Er ist ausgezeichnet an die Jagd bei Nacht angepasst. Die Augen sind groß und lichtempfindlich, das Gefieder ermöglicht einen lautlosen Flug und sein Gehör nimmt selbst kleinste Geräusche wie das Rascheln oder Fiepen der Mäuse wahr. Das Licht von Mond und Sternen reicht zur Orientierung. Den Tag verbringt er dösend auf einem Baum. Mit seinem Tarngefieder verschmilzt der Nachtjäger mit der Rinde. Wenn Kleinvögel den Feind attackieren und lautstark beschimpfen, können wir sein Versteck finden.

83

ALTER bis zu 22 Jahre • **STIMME** Gesang laut und weit tragend „huuuuh – huhuhuhuuh", Ruf „ki-witt" • **BEI UNS** ganzjährig • **ZUG** Standvogel • **BRUTZEIT** Febr.–Aug.; 1 Brut im Jahr • **NEST** Höhlen jeder Art, bevorzugt Baumhöhlen, auch in Gebäuden, seltener in Nistkästen; Nestunterlage aus Holzmulm, Sand, Gewölle oder Heu • **EIER** 3–6; weiß • **VORKOMMEN** mittelhäufig • **GEFÄHRDUNG** Bestand stabil, ungefährdet

DIE NATÜRLICHEN EROBERER

Die Vogelwelt Deutschlands ist dynamisch und wandelt sich. Während manche Arten sich rar machen oder vollständig von der Bildfläche verschwinden, sind andere auf dem Vormarsch. Einige Vögel waren bei uns in der Vergangenheit selten oder gänzlich unbekannt und sind mittlerweile fest etabliert. Sie haben sich bei uns neue Lebensräume erschlossen und damit ihr Verbreitungsgebiet erweitert.

TÜRKENTAUBE 041

Paradebeispiel: Türkentauben verbreiteten sich im Verlauf des letzten Jahrhunderts vom Balkan aus über Gesamteuropa. In Deutschland wurden sie 1944 erstmals gesichtet, brüten seit 1945/46 und gehören mittlerweile zu den häufigen Brutvögeln im Siedlungsbereich.

GIRLITZ 042

Girlitze besiedeln wärmebegünstigte und strukturreiche Lebensräume nahe unserer Ortschaften. Der ursprüngliche Mittelmeerbewohner breitete sich im Verlauf des 19. und 20. Jahrhunderts in Deutschland aus. Derzeit sind seine Bestände wieder rückläufig.

LÖFFLER 043

Nach drastischen Bestandseinbrüchen in
den Niederlanden bis Mitte des 20. Jahrhunderts, ist seine Population seit 1970
wieder steigend und der Löffler hat sein
Areal nach Deutschland ausgeweitet.
Mehr als 850 Paare brüten an der deutschen Nordseeküste.

SCHWARZKEHLCHEN 044

Das Schwarzkehlchen lebt bei uns am
Rande seiner Verbreitung. Die Population
ist schwankend. Seit Ende des 19. Jahrhunderts wechselten sich Auf- und Abwärts-
bewegungen ab. Derzeit nimmt die Art
wieder stark zu und besiedelt neue oder
ehemalige Lebensräume.

BIENENFRESSER 045

Der wärmeliebende Bienenfresser ist unser
farbenprächtigster Neubürger. Er stammt aus
dem Mittelmeerraum und ist auf Großinsekten
spezialisiert. Vor 1900 gab es ihn in Deutschland nur vereinzelt. Inzwischen ist sein Bestand auf über 2000 Brutpaare gestiegen, überwiegend in Sachsen-Anhalt entlang der Saale.

ALPENSEGLER 046

Das Hauptverbreitungsgebiet des Alpenseg-
lers liegt im Mittelmeerraum. Die nördlichs-
ten Vorkommen gibt es seit 1955 im Süd-
westen Deutschlands. Derzeit brüten mehr als
300 Paare in Kolonien an hohen Gebäuden,
die einen freien Anflug ermöglichen.

SCHRÄGE NAMEN

Grünfink, Schwanzmeise oder Steinadler:
Viele deutsche Vogelnamen zaubern sofort
ein anschauliches Bild vor Augen. Andere
Bezeichnungen hinterlassen oftmals
ein Fragezeichen und bleiben ohne ihre
Entstehungsgeschichte unverständlich. Wie
sieht ein Ziegenmelker aus und was haben
Raubwürger oder Neuntöter verbrochen?

schwarze Flügel mit weißem Flügelfeld

Schwanz schwarz mit weißen Außenkanten

Alles im Blick! **RAUBWÜRGER** haben wie alle Vögel einen im Vergleich zu Säugetieren überdurchschnittlich ausgeprägten Sehsinn und können ihren Kopf um 180° drehen.

RAUBWÜRGER

Jäger mit Weitblick

Lanius excubitor
21 bis 26 cm

*kräftiger
Hakenschnabel*

Weiträumige, halboffene Landschaften mit einem Mosaik aus Hecken, niedrigen Büschen, Einzelbäumen und spärlicher Vegetation sind das Zuhause des Raubwürgers. Dort sitzt er auf exponierten Warten, um sein Revier zu überwachen und nach Beute Ausschau zu halten. Darauf verweist das lateinische Wort „excubitor" = Wächter. Auf seinem Speiseplan stehen Insekten, Nagetiere, Eidechsen und Kleinvögel, die er mit seinem Hakenschnabel fängt und zum Zerlegen oder als Vorrat zwischen Äste einklemmt oder auf Dornen aufspießt. Dies brachte der Gattung den lateinischen Namen „Lanius" = Fleischer ein.

*schwarze
Augenmaske*

*Gefieder hellgrau und
weiß*

Jäger

Früher wurden die Würger aufgrund ihrer Jagdweise den „Raubvögeln" (= Falken, Greifvögel und Eulen) zugeordnet. Aus jener Zeit stammt der deutsche Name.

89

ALTER bis zu 10 Jahre • **STIMME** Gesang leise, rhythmisch und kurz mit eingebauten Rufen und Imitationen; verschiedene harte und raue Rufe • **BEI UNS** ganzjährig • **ZUG** Standvogel – Mittelstreckenzieher • **BRUTZEIT** Apr.–Juli; 1 Brut im Jahr • **NEST** in Bäumen und Büschen; Napfnest aus Zweigen und Halmen, weich gepolstert • **EIER** 4–7; weißlich, grünlich grau bis beige, braun gefleckt • **VORKOMMEN** selten • **GEFÄHRDUNG** Bestand stark abnehmend, vom Aussterben bedroht

Scheitel blaugrau

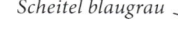

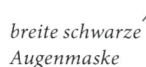

Fleisch am Spieß

Während der Brutperiode legen Neuntöter Vorräte an, indem sie insbesondere größere Insekten auf Dornen spießen.

breite schwarze Augenmaske

helle rosa überhauchte Unterseite

NEUNTÖTER

Spießt Beutetiere auf Dornen

Lanius collurio
16 bis 18 cm **048**

Der Name bezieht sich auf den Volksglauben, der Neuntöter könne seine „Mordlust" nur durch das Aufspießen von neun Jungvögeln stillen. Um sie zu betören, ahme er die Stimmen ihrer Eltern nach. Tatsächlich enthält sein schwätzender Gesang zahlreiche Imitationen. Nach einem anderen Mythos musste er erst neun Tiere töten, bevor er Nahrung zu sich nehmen konnte. Bis Anfang des 20. Jahrhunderts galt es daher als Beitrag zum Artenschutz, den „mordlustigen" Vogel zu dezimieren. Neuntöter leben in offenen Landschaften mit niedrigen Dornenhecken und Gebüschen. Auf ihrem Speiseplan stehen hauptsächlich Insekten.

ALTER bis zu 10 Jahre • **STIMME** Gesang leise zwitschernd und schwätzend mit Imitationen anderer Vögel; Ruf nasal und heiser „gwä", schnalzend „tschäk" • **BEI UNS** Mai–Sept. • **ZUG** Langstreckenzieher • **BRUTZEIT** Mai–Aug.; 1 Brut im Jahr • **NEST** in Büschen und Bäumen; Napfnest aus Zweigen, Halmen und Moos, gepolstert mit feinen Pflanzenteilen • **EIER** 4–7; weißlich, grünlich oder rötlich, dunkel gefleckt • **VORKOMMEN** mittelhäufig • **GEFÄHRDUNG** Bestand stabil, ungefährdet

Oben: Ein Beutetier wird zum Verzehr auf einen Dorn gespießt.

Unten: Links das Männchen, rechts das unscheinbarer gefärbte Weibchen.

Rücken rotbraun

91

Beim Männchen sind im Flug die auffälligen weißen Abzeichen auf Schwanz und Flügeln zu sehen.

breite helle Flügelbinde

weiße Schwanzabzeichen

rindenfarbig gemustert

große schwarze
Augen

**Wie ein
Peitschenknall**

Das Ziegenmelker-Männ-
chen schlägt seine Flügel
zusammen, ohne dass
diese sich berühren. Dabei
entsteht das typische
Flügelklatschen.

ZIEGENMELKER •
NACHTSCHWALBE

Meister der Tarnung

Caprimulgus europeus
24 bis 28 cm   `049`

Der Ziegenmelker ist nachtaktiv. Den Tag verbringt er re-
gungslos am Boden oder auf einem Ast sitzend. Sein Tarngefieder schützt ihn vor Entdeckung. Nach Sonnenuntergang
ertönt der eintönige, stundenlang andauernde Gesang und
verrät seine Anwesenheit. Es erinnert an das Surren eines
Motors. Er brütet in trockenen, lichten Kiefernwäldern, oft in
der Nähe von Mooren und Heiden. Seine Nahrung besteht aus
Insekten, die er im Flug fängt. Dabei dient ihm der breite, weit
geöffnete Rachen als Kescher. Sein Name ist die Übersetzung
der lateinischen Bezeichnung Caprimulgus und beruht auf der
Legende, er melke nachts die Ziegen.

93

ALTER bis zu 11 Jahre • **STIMME** Gesang heiser schnurrend „errrrr-örrrrr-errrrr…" •
BEI UNS Mai–Sept. • **ZUG** Langstreckenzieher • **BRUTZEIT** Mai–Aug.; 1–2 Bruten im Jahr •
NEST am Boden, kein Nestbau • **EIER** 2; weiß, blaugrau und braun gefleckt •
VORKOMMEN selten • **GEFÄHRDUNG** Bestand stabil, gefährdet

ERFOLGSGESCHICHTEN GEFIEDERTER NEUBÜRGER

Gefiederte Neubürger – die Neozoen – eroberten Deutschland auf unterschiedliche Weise. Manche wurden vorsätzlich eingeführt, zum Beispiel für die Jagd. Andere entkamen aus Käfigen oder Wasservogelhaltungen. Allen gemeinsam ist, dass sie sich danach selbstständig ausbreiteten und bei uns etablierten. Die Exoten konkurrieren mit den Einheimischen um Nahrung und Brutplätze. Arten, die die heimische Fauna verdrängen, gelten als invasiv.

JAGDFASAN 050

Die Stammform des Jagdfasans stammt aus Asien und wurde bei uns vermutlich schon von den Römern zu Jagd- und Speisezwecken eingeführt. Bis heute wird er intensiv bejagt. Um seine Bestände zu erhalten, werden Zuchtvögel ausgesetzt, Winterfütterungen angeboten und Wildäcker als Lebensraum angelegt.

NILGANS 051

Ihre Heimat ist Afrika. Die heutigen Bestände in Mitteleuropa basieren auf Aussetzungen und Gefangenschaftsflüchtlingen. Seit 1985/86 brütet die Nilgans regelmäßig an Gewässern in Deutschland und breitet sich zunehmend aus. Derzeit gibt es rund 10 000 Brutpaare.

ROSTGANS `052`

Die Rostgans zählt wie die Nilgans zu den Halbgänsen. Sie kommt von Südosteuropa bis Zentralasien und in Teilen Afrikas natürlich vor. Bei uns leben etwa 200 Brutpaare an Flüssen, Seen und Teichen. Es sind die Nachfahren von Gefangenschaftsflüchtlingen und Aussetzungen.

KANADAGANS `053`

Seit 1980 nistet die aus Nordamerika stammende Kanadagans regelmäßig in Deutschland; zunächst überwiegend an Gewässern im Siedlungsbereich. Mittlerweile hat sie auch natürliche Lebensräume erobert. Ihr Bestand beläuft sich auf rund 11 500 Paare und ist zunehmend.

MANDARINENTE `C54`

Mandarinenten nisten in bis zu 15 m hohen Baumhöhlen. Nach dem Schlüpfen springen die Jungen, noch flugunfähig, in die Tiefe und werden ans Wasser geführt. In Deutschland brüten seit Mitte des 20. Jahrhunderts um die 600 Paare, meistens an Parkgewässern. Sie kommen ursprünglich aus Ostasien und sind bei uns Gefangenschaftsflüchtlinge.

HALSBANDSITTICH `055`

In Deutschland haben sich drei Papageienarten etabliert: die ausschließlich in Stuttgart brütende Gelbkopfamazone, der Alexandersittich – von dem es artreine Brutnachweise aus Köln und Wiesbaden gibt – sowie der Halsbandsittich (Foto). Dessen Heimat liegt in Afrika und auf dem indischen Subkontinent. Er nistet seit 1969 in Deutschland. Aktuell gibt es etwa 2 000 Paare entlang des Rheins.

MINIVÖGEL

Ständig auf Nahrungssuche: Um ihre Körperfunktionen aufrechtzuerhalten, brauchen
unsere Kleinsten täglich Nahrung im Umfang
ihres eigenen Gewichtes. Je kürzer die Tage
werden, desto weniger Zeit bleibt für die Füllung
des Magens und desto weniger Insekten gibt
es. Die Brutgebiete im Norden werden daher im
Winter geräumt.

WINTERGOLDHÄHNCHEN

Kleinster der Kleinen

Regulus regulus
8,5 bis 9,5 cm
 056

Wintergoldhähnchen sind meistens in den Baumkronen unterwegs und ständig in Bewegung. Rastlos
hüpfen sie von Ast zu Ast, hangeln sich kopfüber
durchs Geäst oder rütteln zwischen den Zweigen. Der
kleinste Vogel Europas wiegt nur 4 bis 8 g. Um seine
Körperfunktionen aufrechtzuerhalten, nimmt der Winzling täglich einen Großteil des eigenen Körpergewichts an Nahrung auf. Da gilt es, jede Spinne, jedes Insekt aufzuspüren und zu verspeisen.
Sein Verwandter, das Sommergoldhähnchen, ist nur unwesentlich größer
und schmückt sich mit weißen Überaugenstreifen als Markenzeichen.

Vaterzeit
Noch bevor die Erst-
brut flügge ist, beginnt
das Wintergoldhähnchen-
Weibchen mit der Zweit-
brut und das Männchen
versorgt die Erst-
geborenen.

*Augen schwarz mit
weißer Umrandung*

*Oberseite
grün*

*Weibchen (oben) haben einen gelben
Scheitel, Männchen (rechts) einen
gelb-organgefarbenen.*

*Scheitelstreif
gelb-orange*

*Unterseite
beige*

ALTER bis zu 5 Jahre • **STIMME** Gesang fein, sehr hoch, rhythmisch galoppierend, mit Triller
endend; Ruf fein und scharf „srie" • **BEI UNS** ganzjährig • **ZUG** Standvogel – Kurzstreckenzieher •
BRUTZEIT März–Aug.; 2 Bruten im Jahr • **NEST** in Fichten; frei hängende, offene Kugel aus
Moos • **EIER** 5–13; gelbbraun oder rahmfarben, hellbraun gefleckt • **VORKOMMEN** häufig •
GEFÄHRDUNG Bestand stabil, ungefährdet

Höchstleistung:
Die Weibchen des
**WINTERGOLDHÄHN-
CHENS** legen bis zu
13 Eier. Solch ein Gelege
wiegt bis zu anderthalb-
mal so viel wie der
Vogel selbst!

Im Unterschied zur Kohlmeise hat die **TANNENMEISE** einen weißen Nackenfleck und kann ein Federhäubchen aufstellen. Ihr fehlen zudem die Gelbtöne im Gefieder.

TANNENMEISE

Unscheinbar und oft übersehen

Periparus ater
10 bis 11,5 cm

057

Lautmalerei

„Fietje, Fietje – stiefle, stiefle!", rufen Tannenmeisen in Norddeutschland. Ihre Nachbarn aus Süddeutschland antworten: „Pfüdi, pfüdi, pfüdi!" (= Behüt' dich Gott!).

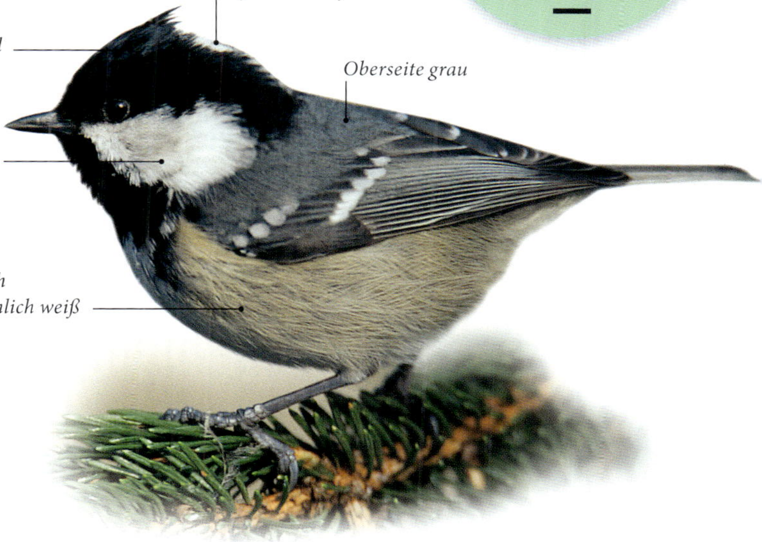
weißer Nackenfleck
Kopf glänzend schwarz
Oberseite grau
Wangen weiß
Bauch bräunlich weiß

Tannenmeisen verraten ihre Anwesenheit gewöhnlich zuerst durch ihren Gesang, denn sie halten sich überwiegend in den Wipfeln der Nadelbäume auf und sind dort oben gut verborgen. Mit ihren langen Zehen und einem Gewicht von nur 9 g ist unsere kleinste Meise in der Lage, sich mit dem Kopf nach unten an Nadelbüschel oder Zapfen zu hängen und jeden Winkel nach Nahrung abzusuchen. Auf der Speisekarte stehen Insekten, Spinnen und Samen. Ihr Lebensraum sind Fichtenwälder sowie Parks und Gärten mit Nadelbäumen. Im Winter streifen Tannenmeisen oft gemeinsam mit anderen Meisen, Kleibern, Baumläufern und Goldhähnchen umher.

ALTER bis zu 9 Jahre • **STIMME** Gesang fein und monoton „zewizewi…"; Ruf fein und hoch „psit" und gedehnt „tüih" • **BEI UNS** ganzjährig • **ZUG** Standvogel – Kurzstreckenzieher • **BRUTZEIT** März–Aug.; 1–2 Bruten im Jahr • **NEST** in Höhlen, Erdlöchern, Spalten, Nistkästen; Nest aus Moos, Flechten, Wolle • **EIER** 6–10; weiß, rotbraun gefleckt • **VORKOMMEN** sehr häufig • **GEFÄHRDUNG** Bestand stabil, ungefährdet

SCHWANZMEISE

Mit langem Balancierschwanz

Aegithalos caudatus
13 bis 15 cm

058

Schwanzmeisen kündigen sich in der Regel mit einem Schnurren an – ihren Kontaktrufen. Sie streifen fast ganzjährig in kleinen Trupps umher, ständig in Bewegung. Auf der Suche nach Insekten turnen die Akrobaten von 9 g geschickt bis in die äußersten Zweigenden. Manchmal hängen sie dabei nur an einem Bein. Der Schwanz hilft beim Balancieren. Mit circa 8 cm macht er die Hälfte ihrer Körperlänge aus. In der Regel sind es Stippvisiten. In Windeseile ist ein Busch abgesucht und das Grüppchen zieht weiter. Während der Brutzeit verhalten sich die Vögel unauffällig. Ihr Gesang ist leise und selten zu hören.

Die weißköpfigen Schwanzmeisen (links) brüten auch in Deutschland. Ihr Anteil nimmt von West nach Ost zu.

langer schwarzweißer Schwanz

schwarzer Kopfstreif

winziger Schnabel

Gefieder rosa überhaucht

Familienbande
Schwanzmeisen helfen sich bei der Kinderbetreuung. Neben den Eltern werden die Nestlinge von einer variablen Anzahl von Altvögeln des Schwarms versorgt.

ALTER bis zu 10 Jahre • **STIMME** Gesang leise zwitschernd; Ruf scharf „sri", schnurrend „zerrr" • **BEI UNS** ganzjährig • **ZUG** Standvogel – Kurzstreckenzieher • **BRUTZEIT** März–Juni; 1 Brut im Jahr • **NEST** vom Boden bis in die Wipfel; geschlossenes Nest mit seitlichem Einflugloch, aus Moos, Spinnweben • **EIER** 8–12; weißlich, rötlich gefleckt • **VORKOMMEN** häufig • **GEFÄHRDUNG** Bestand stabil, ungefährdet

Weich und elastisch: Das **SCHWANZMEISEN**-Nest gehört zu den kunstvollsten in der Vogelwelt. Seine Außenwände beulen sich mit dem Wachstum der Jungvögel aus.

Mit 90 dB entspricht der Schalldruckpegel des **ZAUNKÖNIG**-Schmetterns der Lautstärke einer Kreissäge. Bei Windstille ist seine Stimme bis 500 m weit zu hören.

ZAUNKÖNIG

Winzig und stimmgewaltig

Troglodytes troglodytes
9 bis 10,5 cm

Laut und schmetternd erschallt sein Gesang – der Zaunkönig macht durch Stimmgewalt wett, was ihm an Größe fehlt. Sein Lebensraum sind Wälder, Feldgehölze, Parks und Gärten mit reichlich Unterbewuchs. Dort lebt er in Bodennähe und huscht auf der Suche nach Insekten oder Spinnen unauffällig wie eine Maus durch das Gestrüpp. Der kurze Schwanz ist häufig gestelzt. Bei Erregung wippt und zuckt der Federball mit dem ganzen Körper. Das Männchen baut mehrere Backofennester, geschlossene Kugeln mit seitlicher Eingangsröhre, und bietet sie dem Weibchen zur Auswahl an. Dieses darf entscheiden und übernimmt den Innenausbau.

heller Überaugenstreif

Oberseite rotbraun

Schwanz kurz und meistens gestelzt

Flügel und Schwanz gebändert

Gut versteckt hat der Zaunkönig sein Nest in dichtem Efeu gebaut.

105

ALTER bis zu 7 Jahre • **STIMME** Gesang laut und schmetternd; Ruf hart „zrrrt" und „teck-teck-teck" • **BEI UNS** ganzjährig • **ZUG** Standvogel – Kurzstreckenzieher • **BRUTZEIT** Apr.–Aug.; 2 Bruten im Jahr • **NEST** in Bodennähe unter Holz oder in dichten Sträuchern; Backofennest • **EIER** 5–7; weiß, braun gefleckt • **VORKOMMEN** sehr häufig • **GEFÄHRDUNG** Bestand stabil, ungefährdet

KRAFTPROTZE

Stark und kräftig! Viele Greifvögel können Tiere schlagen und fliegend abtransportieren, die ebenso viel wiegen wie sie selbst oder sogar noch schwerer sind. Die Beute des Habichts kann dem Anderthalbfachen und die des Steinadlers dem Doppelten seines Körpergewichtes entsprechen. Seeadler befördern Riesenfische schwimmend an Land.

SEEADLER

Größter heimischer Greifvogel

Haliaeetus albicilla
76 bis 92 cm

`060`

Mit einer Flügelspannweite bis zu 2,4 m und einem
Gewicht bis zu 7 kg ist er der größte und kräftigste
Adler Europas. Sein Lebensraum sind bewaldete
Seen, Flüsse und Meeresküsten. Der Seeadler
ernährt sich von Fischen, Wasservögeln, Säugetieren und Aas, welche er von einer erhöhten Sitzwarte oder beim Patrouillieren und
Rütteln über der Wasserfläche erspäht.
Die Beute wird im Vorbeiflug ergriffen
oder aus dem Sturzflug überrumpelt.
Auf Wasservögel erfolgen mitunter
wiederholte Angriffe, um die Opfer
zu ermüden und schlagen zu können. Große Fische zieht er mit den
Krallen aus dem Wasser oder be-
fördert sie schwimmend ans Ufer.

langer Hals

*Schon von Weitem an seiner kräftigen
eckigen Gestalt erkennbar.*

wirkt
gelblich-
braun
geschuppt

ALTER bis zu 36 Jahre • **STIMME** meistens stumm; Rufe hell und schrill „klii-klii-klii…",
„klik-klik-klik…", tief und rau „ra-rack-rack…" • **BEI UNS** ganzjährig • **ZUG** Standvogel •
BRUTZEIT Febr.–Aug.; 1 Brut im Jahr • **NEST** in Baumkronen und an Klippen; großer Horst aus
dicken Ästen und Zweigen, gepolstert mit Gras und Heu • **EIER** 2; weiß • **VORKOMMEN** sehr
selten • **GEFÄHRDUNG** Bestand zunehmend, ungefährdet

Kopf und Hals
gelblich braun

kräftiger gelber
Schnabel

Gefieder braun

STEINADLER

König der Lüfte

Aquila chrysaetos
90 bis 93 cm

Die in Bergregionen und weiträumigen Waldgebieten
lebenden Steinadler sind Spezialisten des Segel- und
Gleitfluges. Geschickt nutzen sie die Thermik und schrauben sich mit den warmen Luftströmen in die Höhe. Dort
kreisen die Könige der Lüfte mitunter stundenlang ohne einen
Flügelschlag am Himmel oder gleiten die Berghänge entlang,
um nach Nahrung zu suchen. Diese besteht aus kleinen bis
mittelgroßen Säugetieren, Vögeln, Reptilien und Aas. Während
der Balz zeigen sie ihre eindrucksvollen Flugkünste: Schein-
attacken mit gegenseitigem Verkrallen und Überrollen der
Partner, Loopings und rasante Sturzflüge.

Gefieder
dunkelbraun

lange, gefingerte
Flügel

Nacken
goldbraun

langer Schwanz

*Immaturer Steinadler. Das adulte Flü-
gelkleid wird erst nach einigen Jahren
angelegt.*

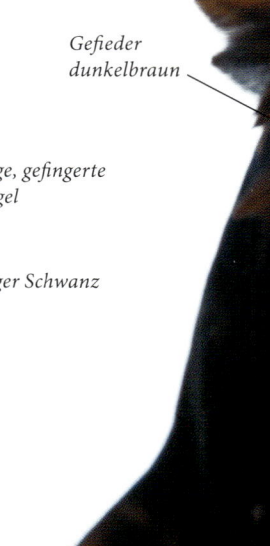

ALTER bis zu 32 Jahre • **STIMME** meistens stumm, schrill kläffende und miauende Rufe •
BEI UNS ganzjährig • **ZUG** Standvogel • **BRUTZEIT** März–Aug.; 1 Brut im Jahr • **NEST** in hohen
Bäumen und Felsen; großer Horst aus Ästen und Zweigen, gepolstert mit grünen Zweigen, Gras und
Flechten • **EIER** 2; weißlich, braun gefleckt • **VORKOMMEN** extrem selten • **GEFÄHRDUNG** Bestand
stabil, ungefährdet

Kopf goldbraun

kräftiger Schnabel

auffällige schmale
Federohren

große orangerote
Augen

UHU

Größte Eule Europas

Bubo bubo
59 bis 73 cm

062

Der Uhu ist überwiegend dämmerungs- und nachtaktiv. Er hat ein weiches, samtartiges Gefieder, das die Reibung der Federn untereinander lautlos macht. Die Außenfahnen der vordersten Handschwingen sind kammartig ausgefranst. Diese Anpassungen ermöglichen einen nahezu geräuschlosen Flug. So kann der Uhu das Rascheln seiner Beutetiere besser hören und sich ihnen unbemerkt nähern. Er jagt überwiegend kleine Säugetiere und Vögel. Sein Lebensraum sind reich gegliederte Landschaften mit offenen und bewaldeten Flächen, bevorzugt in felsigem Gelände und gerne in der Nähe von Gewässern.

Oberseite braun, kräftig gefleckt

Brust stark braun gefleckt

Unterseite gelblich braun, dunkel gestreift

Im Flug sind die breiten, runden Flügel auffällig.

113

ALTER bis zu 27 Jahre • STIMME Gesang tief und voll, gereiht „buhe" oder „uu-ho" • BEI UNS ganzjährig • ZUG Standvogel • BRUTZEIT Febr.–Juli; 1 Brut im Jahr • NEST in Felsen, am Boden und in verlassenen Nestern; flache Mulde, kein eigener Nestbau • EIER 2–4; weiß • VORKOMMEN selten • GEFÄHRDUNG Bestand zunehmend, ungefährdet

HABICHT

Kraftvoller Jäger

Accipiter gentilis
♂ 49 bis 56 cm / ♀ 58 bis 64 cm

063

Der Habicht ist ein schneller, wendiger Kurzstreckenjäger, der flach über dem Boden oder den Baumkronen jagt. Dabei weicht er Hindernissen blitzschnell aus und nutzt geschickt jede Deckung, um seine Beute aus dem Hinterhalt zu überraschen. Das Nahrungsspektrum umfasst überwiegend größere Vögel wie Drosseln, Tauben und Krähenvögel sowie kleinere Säugetiere. Eine Ansammlung von Federn am Waldboden oder auf liegenden Bäumen kann ein Hinweis auf den scheuen Vogel sein, denn vor dem Verzehr rupft er seinen Fang. Habichte nisten in Wäldern mit Altholzbeständen. Sie bleiben ihrem Brutgebiet und dem Partner lebenslang treu.

kräftige gelbe Füße

Links: Der Habicht hat breite Flügel und einen langen Schwanz.

Rechts: Im Jugendkleid braun, auf der Unterseite rötlich weiß und braun gefleckt.

ALTER bis zu 22 Jahre • **STIMME** meistens stumm; Ruf „hiää", gellend „kja-kja-kja…" und kurz „gik-gik-gik…" • **BEI UNS** ganzjährig • **ZUG** Standvogel • **BRUTZEIT** März–Juli; 1 Brut im Jahr • **NEST** in Bäumen; Horst aus Ästen und Zweigen, gepolstert mit grünen Zweigen, teilweise in verlassenen Nestern • **EIER** 2–5; grünlich weiß • **VORKOMMEN** mittelhäufig • **GEFÄHRDUNG** Bestand stabil, ungefährdet

*Unterseite
weiß mit feiner
schwarzer Quer-
bänderung*

*Scheitel und Ohrdecken
schwarzbraun*

*orangefarbene
Augen*

*Oberseite
dunkelgrau*

VOGELSCHAUSPIELE: GANZ GROSSES KINO!

Ob Gruppenbalz, Nahrungsgemeinschaft oder Reisetruppe: Die Be-
obachtung der Vogelschwärme und ihres Verhaltens ist ein Erlebnis der
Extraklasse. Viele Schwärme tauchen jeden Frühling und jeden Herbst
zur gleichen Zeit am gleichen Fleck auf. Wir können die Jahresuhr danach
stellen und unsere Plätze in der Ehrenloge im Voraus sichern, um pünkt-
lich für das Schauspiel an Ort und Stelle zu sein.

STAR 064

Stare leben ganzjährig gesellig.
Außerhalb der Brutzeit bilden
sie Schlafgemeinschaften, die
Hunderttausende bis Millionen
von Tieren umfassen können.
Bevor sie in ihre Ruhestätten
einfallen, sammeln sich die
Vögel am Abendhimmel und
vollführen Formationsflüge
höchster Vollendung, ohne
jemals zusammenzustoßen.

KRANICH 065

Aufbruchstimmung. Alljährlich im
Herbst und Frühjahr fliegen Kraniche
in V-Formationen laut trompetend
über unsere Dächer. An traditionellen
Rastplätzen wie dem Rhin-Havelluch
oder der Vorpommerschen Boddenküste
können Ende Oktober bis zu 100 000
Vögel übernachten, bevor es am nächsten Morgen weiter gen Süden geht.

GÄNSE IM WINTERQUARTIER 066

Rund 800 000 Bläss-, Saat-, Nonnen- und Ringelgänse überwintern jährlich von Oktober bis März in der Norddeutschen Tiefebene. Auf Stoppeläckern und Grasländereien am Niederrhein, in Friesland oder an der Elbe können wir zuweilen riesige Schwärme bei der Nahrungssuche beobachten.

ALPENSTRANDLÄUFER 067

Zur Zugzeit kommen Abermillionen von Vögeln im Wattenmeer zusammen, um sich für die Weiterreise zu stärken. Der Alpenstrandläufer ist mit 1,3 Millionen Individuen am häufigsten. Wie Rauchwolken tanzen seine Schwärme über den Horizont, insbesondere im August und September. Ein Naturereignis sondergleichen!

KAMPFLÄUFER 068

Kampfläufer nisten in Deutschland sehr selten. Im Frühling ziehen die Brutvögel aus dem Norden zu Tausenden bei uns durch. Bisweilen zeigen sie ihre Gruppenbalz. Mit aufgerichteten Halskrausen vollführen die Männchen ihre Tänze, um den Weibchen zu imponieren: Sie flattern mit den Flügeln, ducken sich und lassen die Schwingen hängen oder springen in die Luft.

BIRKHUHN 069

Frühaufsteher können im März/April die Gemeinschaftsbalz der Birkhühner bewundern. Die Art ist vom Aussterben bedroht. Die größten Brutvorkommen gibt es in der Lüneburger Heide und in den Alpen. Weit vor Sonnenaufgang versammeln sich die Hähne in der Tanzarena. Ihr an- und abschwellendes Kullern schallt kilometerweit.

SERVICE

SERVICE

Alle Bestandszahlen und Trendangaben stammen aus dem Vogelschutzbericht der Bundesregierung 2019, basierend auf Monitoringdaten des Dachverbands Deutscher Avifaunisten (DDA). Die Gefährdungsangaben beziehen sich auf die Rote Liste der Brutvögel Deutschlands mit Stand 2020.

Nützliche Adressen

NABU – Naturschutzbund Deutschland e. V.
NABU-Bundesgeschäftsstelle
Charitéstr. 3, D-10117 Berlin
www.NABU.de

LBV – Landesbund für Vogelschutz in Bayern (LBV) e. V.
Eisvogelweg 1, D-91161 Hilpoltstein
www.lbv.de

BirdLife Österreich – Gesellschaft für Vogelkunde
Museumsplatz 1/10/8, A-1070 Wien
www.birdlife.at

Schweizer Vogelschutz SVS/ BirdLife Schweiz
Wiedingstr. 78, CH-8036 Zürich
www.birdlife.ch

NABU-Shop
Kaiserswerther Str. 115,
D-40880 Ratingen
www.NABU-shop.de

SCHWEGLER Vogel- und Naturschutzprodukte GmbH
Heinkelstraße 35, D-73614 Schorndorf
www.schwegler-natur.de

Strobel Naturschutzbedarf
Nitzschkaer Straße 29/1, D-04626
Schmölln-Kummer
www.naturschutzbedarf-strobel.de

Donath Wintervogelfutter
Inh. Andreas Donath e. K.
Bahnhofstr. 23, D-88250 Weingarten
www.donath-vogelfutter.de

Nützliche Internet-Adressen

www.NABU.de/gruppen
Hilf mit, unsere Vögel zu schützen, und finde eine NABU-Gruppe in deiner Nähe.
www.ornitho.de
Vogelmeldungen online
www.naturgucker.de
Vogelmeldungen u. a. online
www.xeno-canto.org
Vogelstimmen online

Zum Weiterlesen

P. H. Barthel & P. Dougalis (2019):
Was fliegt denn da? Der Klassiker.
Alle Vogelarten Europas. Farbzeichnungen. 200 Seiten, KOSMOS.

D. Singer (2019): **Was fliegt denn da? Der Fotoband.** 346 Vogelarten Europas. 400 Seiten, KOSMOS.

V. Dierschke (2020): **Welcher Vogel ist das?** 440 Arten. 256 Seiten, KOSMOS.

D. Strauß (2019): **Gartenvögel lebensgroß.** Die 60 häufigsten Vögel in Lebensgröße. 112 Seiten, KOSMOS.

K. & F. Hecker (2020): **Meine Vogel-Snackbar.** Vogelfutter selber machen. 72 Seiten, KOSMOS.

U. Schmid (2019): **Ein Garten für Vögel.** Den eigenen Garten zum Vogelparadies machen. 80 Seiten, KOSMOS.

H. Haag & S. Walentowitz (2022): **Was fliegt denn da? Kindernaturführer.** 85 heimische Vogelarten. 112 Seiten, ab 8 Jahren, KOSMOS.

D. Strauß (2018): **Unterwegs zum Vogelgucken.** Mit Kindern Vögel entdecken, bestimmen, beobachten. 96 Seiten, KOSMOS.

V. Mischitz (2019): **Birding für Ahnungslose.** Wie du Vögel in dein Leben lässt. 128 Seiten, KOSMOS.

Vögel zählen

Der NABU ruft jedes Jahr zu den Mitmachaktionen „Stunde der Gartenvögel" (Mai) und „Stunde der Wintervögel" (Januar) auf. Jeder kann dabei sein und innerhalb einer Stunde alle Vögel im Garten notieren und dem NABU melden, der die Daten auswertet. Näheres unter *www.NABU.de*.

Audio-CDs und DVDs

P. Berthold (2020): **Mit Prof. Berthold einen zwitschern!** 51 heimische Vogelstimmen mit Prof. Berthold kennenlernen. 64 Seiten, KOSMOS.

H.-H. Bergmann & W. Engländer (2019): **Die Kosmos-Vogelstimmen-Edition.** 220 Vögel, Filme und Stimmen. 2 DVDs mit Begleitbuch im Schuber, KOSMOS.

Vogelführer für Smartphones

NABU Vogelwelt – Vögel entdecken und bestimmen

Der Kosmos Vogelführer

Vögel Europas bestimmen – Was fliegt denn da?

REGISTER

IMPRESSUM

Umschlaggestaltung von Gramisci Editorial Design, München, unter Verwendung eines Fotos von Luke und Mallory Leasure/Stocksy. Es zeigt ein Stockentenküken.

Mit 137 Farbfotos: 3 von **F. Adam** (S. 46 re., 56, 78/79), 1 von **T. Angermeyer** (S. 33), 1 von **Bergfee/Adobestock** (S. 23), 1 von **Blickwinkel/F. Hecker** (S. 98 li.), 1 von **W. Buchhorn/F. Hecker** (S. 108 li.), 1 von **Erni/Adobestock** (S. 81), 2 von **H. Fürst** (S. 38 o., 45 re.), 3 von **R. Groß** (S. 21 re., 45 li., 92/93), 2 von **T. Grüner** (S. 38 u., 80), 29 von **F. Hecker** (S. 6, 9, 11, 14, 24 li., 29 li., 32, 37 re., 40 o., 40 u., 41 u., 48, 57 u., 61, 64, 68/69, 69 re., 66/67, 72/73, 74, 75, 95 o. re., 100, 102 o., 104, 105 li., 117 o. li., 117 o. re., 118/119), 5 von **M. Höfer** (S. 34 u., 37 o. 60 re., 76 li., 102 u.), 1 von **jazzlight/Adobestock** (S. 28), 3 von **A. Juvonen** (S. 92 li., 103, 113 u.), 3 von **F. Leo/fokus-natur.de** (S. 49, 46 li., 84 u.), 1 von **A. Limbrunner** (S. 59 u.), 1 von **E. Mestel/F. Hecker** (S. 71 mi.), 2 von **G. Moosrainer** (S. 60 li., 113 o.), 1 von **L. Mraz/naturfoto.cz** (S. 98 re.), 4 von **T. Muukkonen** (S. 39, 78 li., 99, 114 li.), 1 von **D. Nill** (S. 91 u.), 1 von **J. Pelto-mäki** (S. 88), 1 von **Pixabay/Alexas_Fotos** (S. 2/3), 8 von **T. Pröhl/fokus-natur.de** (S. 10, 15, 21 li., 53, 68 li., 71 u. li., 82/83, 114 re.), 7 von **R. Rößner** (S. 9, 77, 89, 91 o., 108/109, 110/111, 112/113), 43 von **M. Schäf** (S. 4, 8, 12, 13 u., 18/19, 20, 22, 24/25, 29 re., 30/31, 34 o., 35, 36, 40 mi., 41, 42/43, 44, 50/51, 52, 54/55, 59 o., 62/63, 65, 70 c., 70 mi., 71 o. li., 71 o. re., 84 o., 85, 86/87, 90/91, 94, 95 o. li., 95 u. re., 95 u. li., 96/97, 106/107, 110 .i., 116 o., 116 u., 117 o. re., 117 o. li., Klappe hinten u. re.), 4 von **R. Schmidt/F. Hecker** (S. 13 u., 57 o., 70 u., 71 u. re.), 1 von **G. Synatzschke** (S. 76 re.), 4 von **M. Varesvuo** (S. 26 li., 26/27, 47, 115), 1 von **W. Willner** (S. 101), 3 von **P. Zeininger** (S. 69 u., 79 re., 105 re.), 1 von **Zoonar/Shutterstock** (S. 58/59). Die 36 Hauptfotos der Arten und die Arten auf den 5 Themenseiten sind außerdem auf der vorderen und hinteren Umschlagklappe innen noch einmal abgedruckt.

Der Inhalt dieses Buches ist sorgfältig recherchiert und erarbeitet worden. Dennoch können weder Autorin noch Verlag für alle Angaben im Buch eine Haftung übernehmen.

Dieses Buch baut inhaltlich auf den Titel „Wer piept denn hier?" (ISBN 3-440-17206-3) von Daniela Strauß auf.

Unser gesamtes Programm finden Sie unter **kosmos.de**
Über Neuigkeiten informieren Sie regelmäßig unsere Newsletter, einfach anmelden unter **kosmos.de/newsletter**

* Quelle: Media Control MC Metis, Deutschland, FY 2021, WG 420- Natur und WG 422-Naturführer, Umsatz

MIX
Papier | Fördert gute Waldnutzung
FSC® C023164

Gedruckt auf chlorfrei gebleichtem Papier

© 2023, Franckh-Kosmos Verlags-GmbH & Co. KG,
Pfizerstraße 5-7, 70184 Stuttgart. .
Alle Rechte vorbehalten
ISBN 978-3-440-17660-3
Projektleitung und Lektorat: Lisa Hummel und Stefanie Tommes
Grundlayout: Walter Typografik & Grafik GmbH
Layoutanpassung und Satz: Katrin Kleinschrot
Produktion: Markus Schärtlein
Druck und Bindung: Longo AG, Bozen
Printed in Italy/Imprimé en Italie

Welcher Vogel
—— piept denn da?

200 Seiten, ca. €(D) 14,00

400 Seiten, ca. €(D) 18,00

Unglaubliche Artenfülle und brillante Fotos namhafter Naturfotografen machen „Was flliegt denn da?" das Original und Fotoband zu den erfolgreichsten Vogelführern aller Zeiten. Über 500 europäische Vogelarten lassen sich sicher und genau bestimmen.

kosmos.de

Willkommen
—— im Vogelparadies

KATRIN UND FRANK HECKER

MACH WAS —— FÜR VÖGEL

Do-it-yourself-Ideen, Pflanzen und Nistplätze für Gartenvögel

FÜR GARTEN —— UND BALKON

SEIT 1822

72 Seiten, ca. €(D) 10,–

Balzen, brüten, Junge aufziehen – unsere Wildvögel im Frühling und Sommer zu beobachten, ist eine wahre Freude. Damit sich die gefiederten Gäste im Garten oder auf dem Balkon noch wohler fühlen, können wir viel tun! Dieses Buch bietet kreative Anleitungen für schöne und artgerechte Nistkästen, Futterideen, Bepflanzungen, Wasserstellen und viele weitere einfache und trotzdem raffinierte Projekte. Alles im Freiland getestet und von den Vögeln für gut befunden. Inspiration pur für jeden Natur- und DIY-Freund und jede Menge Spaß für gemeinsame Bastelaktionen mit Kindern!

kosmos.de

Der Vogelführer
—— für Langschläfer

MICHAEL SCHMOLZ

55 ARTEN ENTDECKEN OHNE FRÜH AUFZUSTEHEN

DER FRÜHE VOGEL KANN MICH MAL!

DER VOGELFÜHRER FÜR LANGSCHLÄFER

112 Seiten, ca. €(D) 10,–

Es gibt jede Menge Vögel rund ums Haus und im Garten, die man auch tagsüber und mit wenig Aufwand beobachten und bestimmen kann. Dieser neue Naturführer richtet sich speziell an ausgeschlafene Naturfreunde und stellt 50 Arten mit jeweils einem besonderen (Langschläfer-)Tipp vor. Wann lässt sich der Vogel gut beobachten? Singt er viel tagsüber? Wer ist gut im Winter zu sehen? Für die Nachtaktiven sind auch Eulen und Käuzchen dabei. Natürlich mit den Vogelstimmen aller vorgestellten Arten auf der KOSMOS-PLUS-App.

Empfohlen vom NABU

Ihre Themen
—— Unser Newsletter

Sie möchten regelmäßig aktuelle Neuigkeiten, Informationen und Angebote zum Thema Natur erhalten?

**Fundiert recherchiert —— Wissen aus der Praxis
Alles Wichtige auf einen Blick**

Dann melden Sie sich jetzt für unseren Newsletter an.

www.kosmos.de/newsletter

Mach deinen Garten zu einer Augen- und Bienenweide – und zu einem Paradies für Schmetterlinge, Igel und Vögel.

Dein Garten.
Mein Zuhause.

Ideen und Tipps unter
www.NABU.de/gartenvielfalt